Monika Nebl

Mords-Goschn

Krimi-Minnies dritter Fall

Ein Wasserburg-am-Inn-Regionalkrimi

EyeDoo Verlag Publishing

c/o Verlag EyeDoo Publishing
Berger Str. 26, 83556 Griesstätt
www.eyedoo.biz

1. Print-Auflage
ISBN: 978-3969667323

Print- und Onlinegestaltung: Günter Nebl
Bildnachweis: © S. Lipina – Aspinaworld www.kauf3.com
Bildnachweis: © fergregory – stock.adobe.com
Bildnachweis: © Fotoatelier G. Nebl, Monika Nebl
Druck: booksfactory, Polen
Lektorat: Michael Reinelt
Korrektorat: Ursula Ammersbach

www.monika-nebl.de

Für alle tapferen Männer, die veganes Hack essen,
obwohl sie wissen, dass es kein echtes Fleisch ist,
und sie lieber eine echte Schweinshaxn hätten.

Und für meine Mama, die so ganz anders ist als die Traudl und meine Träume (fast) immer akzeptiert hat. Ich war stets sehr dankbar für ihre Hilfe und hoffe, dass ich mich noch lange revanchieren kann.

Zur Autorin

Bei einem kurzen Stopp in Wasserburg am Inn sagte die damalige Münchnerin spontan: »Hier würde ich so gerne leben!« Drei Jahre später war es so weit. Seit 2000 lebt Monika Nebl im nahen Einzugsgebiet und saust gerne mit der Vespa in die »nördlichste Stadt Italiens«, wo sie das Flair zwischen Mittelalter und Moderne genießt.

Die Autorin hat bereits über 20 Bücher veröffentlicht und ist dabei vielseitig unterwegs.

Wasserburgs Gassen und Mauern dienen als mystische Vorlagen in ihren Fantasyromanen (geschrieben unter Pseudonym Ainoah Jace).

Ihr Fernweh lindert sie mit ihren Romantikthrillern, deren Handlungen den Leser in andere Teile der Erde entführen (geschrieben unter Pseudonym Katie S. Farrell).

Ihre Reisen und wie sich diese in ihre Bücher schmuggeln, beschreibt sie im Bildband »Geschichten im Gepäck«.

Und nach einigen Kurzgeschichten für zwei Anthologien mit den »Rosenheimer Autoren« war sie plötzlich da:
die Lust, einen Lokalkrimi zu schreiben.
Das war die Geburtsstunde der »Krimi-Minnie«, ihrer Freunde und des Verbrechens in Wasserburg …

Warum ein weiterer bayerischer Lokalkrimi?
Ich habe bisher Fantasy und Romantikthriller geschrieben und vermute: Meine Minnie hat mich einfach in ihren Bann gezogen.
Außerdem ist Wasserburg als Schauplatz wie für einen Krimi gemacht.

Falls ein bairisches Wort (sparsam verwendet) nicht selbsterklärend ist, findet ihr im Anhang ein kleines alphabetisches Glossar, denn dieses Buch soll nicht nur Bayern Vergnügen bereiten. Wichtig ist mir, die bairische Sprache nicht zu »verhunzen«, ich habe mein Möglichstes getan.
Auch liegt der Humor keineswegs auf der woanders häufig übertrieben dargestellten Charakterisierung eines »Null-acht-fuchzehn«-Bayern. Minnie und Co. sind (fast) normale Bewohner einer oberbayerischen Stadt.

Inhaltsverzeichnis

Die Stimme

Er kann sie nicht fassen, die Worte, die sie ihm an den Kopf wirft. Gemein und schonungslos sind sie. So lange hat er sich auf diese Frau verlassen und sich um sie bemüht. Nun bereut er es bitter.

Es ist, als sähe er eine andere Person. Egoistisch ist sie und ordinär noch dazu. Als wüsste sie nicht, wie man ordentlich sitzt, fläzt sie sich auf den Holzstuhl. Die Zigarette in ihrer Hand verliert bei den hektischen Bewegungen einen Teil der Asche, die auf den Linoleumboden fällt. Sie macht ihm Vorwürfe über ihr Leben der Lügen. Sie will etwas Besseres.

Er könnte ihr etwas Besseres bieten. Doch das hat sie nicht verdient. Sie weiß nichts zu schätzen. Dabei sollte sie froh sein über das, was sie hat. Denn obwohl sie noch alles andere als alt ist, haben sich bereits Falten in ihr Gesicht gegraben.

Die Falten der ewigen Unzufriedenheit, des Genörgels und der Bosheit. Das reißt auch die kurvige Figur nicht raus, die man dank des engen Tops und der Leggins bemerken muss.

Und noch weniger als ihre Worte mag er ihre Stimme, die er einst so betörend fand. War sie tatsächlich früher weich und sinnlich?

Er weiß, er muss eine Entscheidung treffen, die auch sein Leben auf den Kopf stellen wird. Aber vor allem wird es ihr Leben verändern.

Laden gesucht

Wasserburg am Inn im Oktober

Die Schmerzen werden unerträglich, sie ziehen durch meinen Mund, über mein ganzes Gesicht und bringen mich zum Schwitzen.

Wann ist die Behandlung endlich zu Ende? Ich putze meine Zähne doch vorbildlich, esse Süßes nur in Maßen und spüle sogar nach dem Kaffee den Mund aus, damit ich mein weißes Lächeln behalte. Trotz der etwas schiefstehenden Eckzähne. Woher kommt also bitte schön das Loch beziehungsweise die kariöse Erkrankung meines Zahns?

Ich will raus aus diesem Stuhl, aber der Zahnarzt hört nicht auf zu bohren. Seine Augen hinter der Plastikscheibe, die ihn vor Wasserspritzern, dem schlechten Atem seiner Patienten und vermutlich Schlimmerem schützt, werden immer größer und runder.

Dann beginnen sie rot zu glühen. Ich fange an, um mich zu schlagen, doch ich bin an den Behandlungsstuhl gefesselt. Das Bohrgeräusch wird noch durchdringender, und ich schreie nun wie am Spieß.

Da höre ich Georges wütendes Gebell. Mein heldenhafter Hund ist gekommen, um mich zu retten.

Ich schaffe es, die Fesseln zu lösen und aus dem Stuhl zu krabbeln, während George den Zahnarzt, den ich bisher sehr nett und kompetent fand, in Schach hält.

Seltsamerweise hört das Kreischen auch auf der Gasse draußen nicht auf. Ich spüre Georges nasse Zunge auf meiner Hand und … wache auf.

Die Zunge ist an meiner Hand beschäftigt, vermutlich ist da jede Menge feines Salz zum Abschlecken, denn ich schwitze heftig nach diesem Traum. Dass ich einen Alptraum hatte, ist mir klar, als ich mein wild blinkendes Handy sehe und höre.

Bin ich für Alpträume vom Zahnarzt nicht zu alt und abgeklärt, frage ich mich, während ich leicht verstört den Anruf entgegennehme.

»Ja?« Es ist drei Uhr morgens! Wer will da etwas von mir?

»Minnie, hier ist der Gerhard.«

»Gerhard, es ist mitten in der Nacht. Was ist denn los, um Himmels Willen?«

»Es wär besser, wenn du zum *Galaxy* kommst.«

In der Disco *Galaxy* auf dem Grundstück neben dem Freizeitbad *Badria* war ich ewig nicht mehr beim Tanzen. Das mache ich nur noch spontan auf Feiern, wenn eine gute Band spielt. Da kann es schon mal sein, dass ich mit meiner Freundin Toni auf der Bierbank stehend die Stimmung im Zelt anfeuere.

»Wieso? Ich hab geschlafen und will jetzt nicht in die Disco.«

Er lacht mich glatt aus – mitten in der Nacht, nachdem er mich aufgeweckt hat. Das erbost mich. Aber so gerädert wie ich mich fühle, fällt der Ausdruck der Verärgerung etwas schwächlich aus.

»Dank deinem Anruf hatte ich einen Alptraum, Gerhard.«

»Oder mein Anruf hat dich davor gerettet, noch Schlimmeres zu träumen«, meint er, was nicht ganz von der Hand zu weisen ist. Denn möglicherweise saß ich bereits davor auf dem geträumten Behandlungssessel.

»Kannst du kommen und den Alex holen?«

Jetzt sitze ich aufrecht im Bett.

»Alex ist eigentlich aus dem Alter raus, wo man ihn von der Disco holen muss. Ist ihm was passiert?«

»Na ja, er hat randaliert. Wenn du ihn holst und auf ihn aufpasst, dann muss ich ihn ned einkasteln.«

Was? Mein vernünftiger Freund, der Banker, randaliert? Das hab ich ja in den fünf Jahren seit wir ein Paar sind, nie erlebt. Dass er und Basti zu Hause mal versuchen, sich gegenseitig mit Whiskey unter den Tisch zu trinken vielleicht. Aber randalieren oder prügeln? Niemals!

»Der Alex randaliert doch nicht, Gerhard. Da stimmt was ned. Ich mach mich auf den Weg.«

Bloß womit?

»Kann er auf die Vespa drauf, oder fällt er mir runter?«

»Wenn du ihn festbindest, könnte es gehen. Sagen wir mal so: Ein Auto wäre sicherer.«

Na wunderbar. Ich fahre so selten Auto, dass ich ernsthaft überlege, mir ein Taxi zu rufen. Aber alle Wasserburger Taxis sind am Samstag in der Nacht bis zum frühen Morgen wie wild unterwegs, um alle Kids oder sehr Junggebliebene heimzubringen.

Ich schnappe mir den Schlüssel von Alex' Wagen vom Schlüsselbrett an der Tür und bemerke gerade noch rechtzeitig, dass ich besser die Schlafanzughose mit den Kätzchen gegen eine Jeans wechseln sollte.

Mein Hund schaut mich verstört an, als ich mir eine Jacke über das Schlafanzugoberteil werfe.

»Braver George. Bleib hier, ich bin gleich wieder da«, versuche ich, ihn zu beruhigen. Vermutlich ahnt er, dass ich noch nicht ganz bei mir bin, denn er besteht darauf, mich zu begleiten. Zumindest bis zum Auto.

Glücklicherweise bin ich heute in Alex' Wohnung, deshalb habe ich nicht weit bis zum Wagen, der in der Tiefgarage steht.

Es ist kein fetter Mercedes, aber leider auch kein kleiner Wagen. Und es gibt verdammt viele Säulen hier unten, auf die man beim Ausparken achten muss.

George setzt sich ans noch geschlossene Tor und beobachtet mich misstrauisch. Kluger Hund, der nicht bei mir einsteigt!

Anlassen – erledigt, Licht an – check, funktioniert, Rückwärtsgang – ist praktischerweise schon drin. Langsam fahre ich an und schlage ein. Es piepst ohrenbetäubend, weil die Säulen immer näher rücken. Ich wiederhole laut und unaufhörlich das Mantra »in den Spiegel schauen« so lange, bis ich den ersten Gang einlege und auf das sich nun öffnende Tor zufahre. George saust hinaus und ist in der Dunkelheit verschwunden. Ich schleiche die Neustraße hinauf, die ist so eng, wenn da Autos parken. Weiter geht es: einen großen Schlenker nach links um die Verkehrsinsel herum, an der Burg vorbei und die noch engere Schmidzeile hinunter. Rechts abbiegen und auf mein Angsthindernis zu: das Brucktor. So schlimm ist ansonsten nur die Brücke in Rosenheim für mich. Und da bin ich nur Beifahrer.

Ich bin nicht der einzige Schisser, wenn es um das Durchqueren des Brucktors angeht. Es ist zu eng für zwei Autos, finde ich. Und je nachdem wie höflich der

Gegenverkehr ist, kann ein ungeübter Autofahrer da schon mal länger stehen. Bis ihn das Hupkonzert der sich hinter ihm stauenden Wagen dann hindurch treibt.

Nachts um drei ist das kein Problem, die zwei Autos kann ich leicht abwarten und, nachdem ich ihnen höflich die Vorfahrt gelassen habe, entspannt hindurchfahren. Vielleicht sollte ich öfter mal nachts fahren üben?

Nun ist das Schlimmste geschafft, in wenigen Minuten bin ich an der Disco.

Ich zische die Allee hinauf und lege vor dem Kreisel gerade noch den zweiten Gang ein, bevor ich mit den Alufelgen (wieder) am Bordstein lande, weil ich die Kurve nicht schaffe.

Kreisel Nummer zwei naht, und damit bricht um mich herum die Hölle los, denn hier ist die Einfahrt vom *McDrive*. Und alle Discogänger haben Hunger!

Ich spüre, wie sich Schweißtropfen auf meiner Stirn bilden. Überall Menschen, mehr oder weniger besoffen, die vor mir über die Straße laufen. Dazwischen besorgte Eltern, die aus dem Auto heraus nach dem Nachwuchs spähen.

Wohin ich muss, erkenne ich schnell an den Blaulichtern auf dem Volksfestplatz. Ich parke direkt neben Gerhards Polizeiwagen ein.

Als ich aussteige, winkt dieser mir zu und macht die hintere Wagentür auf. Ich sehe Alex auf dem Rücksitz sitzen, den Kopf in den Nacken gelegt, seine Augen sind geschlossen. Ist das getrocknetes Blut an seiner Schläfe?

Mir wird ganz anders. Was ist da nur passiert? Ich knie mich vor ihn auf den Einstieg und fasse nach seiner Hand.

»Alex, Hase? Wie geht es dir?«

Er öffnet die Augen. Also eines, denn das andere ist zugeschwollen, da hat er einen ordentlichen Schlag kassiert.

»Minnie, du bist da? Das ist toll.«

Das klingt auf jeden Fall nicht nüchtern. Könnte aber auch eine Gehirnerschütterung sein.

»Sollte er nicht zu einem Arzt?«, frage ich Gerhard besorgt.

»Er hat sich gewehrt. Ich hätte ihn nur mit Handschellen einliefern lassen können oder auf die Wache bringen. Das kann ich immer noch, wenn dir nicht wohl bei der Sache ist, Minnie«, meint er ernst, entgegen seiner sonstigen flapsig-respektlosen Art mir gegenüber. »Ich kann hier nur nicht weg, bis die Kollegen aus Rosenheim kommen. Wir haben ein paar weitere Lädierte und müssen die Personalien aufnehmen. Sonst hätte ich ihn dir schnell runtergefahren.«

Das ist echt lieb von ihm!

»Das passt schon, Gerhard. Vielen Dank, dass du mich angerufen hast und mich ihn mitnehmen lässt.«

Das ist keine Selbstverständlichkeit, das weiß ich. Er winkt jedoch ab und sieht unruhig aus.

»Ich kenn euch ja, Minnie. Aber Alex hat heute eine ganz neue Seite gezeigt. Ich wusste gar nicht, dass der so ausrasten kann.«

»Das hab ich bisher auch nicht erlebt. Mal schauen, ob er morgen noch weiß, was der Grund war.«

»Er hat einen der Kerle besonders auf dem Kieker gehabt. Sagt dir Sepp Hohenwarter etwas?«

»Ja, das ist ein ehemaliger Fußballspezl, der ein bisserl abgehoben ist. Macht sein Geld in der IT-Branche. Viel Geld. Und Alex heißt die Methoden nicht gut. Doch das ist nichts Neues.«

Gerhard nickt nachdenklich, dann verabschiedet er sich und schlendert zu den Kollegen, die im Polizeibus ein paar Leute sitzen haben und diese befragen.

Vorsichtig helfe ich Alex, in sein Auto zu steigen. Es geht ihm alles andere als gut, was leicht zu erkennen ist, denn er sagt kein Wort, als ich mich hinters Steuer klemme.

Und er schweigt beim Fahren. Ebenfalls ein Novum, weil es normalerweise immer eine kleine Anmerkung gibt, wie »Minnie, weich doch bitte den Gullydeckeln besser aus!« oder »Huh, das war knapp!« oder auch »Halt mehr Abstand, falls ein Stein von dem Laster vor uns fällt!«.

Wir kommen heil in der Parkgarage an, wo George, wie ich meine, mit besorgtem Gesicht auf uns wartet. Der Lift, den ich sonst nie benütze – denn *Frau* will ja knackig bleiben – ist heute Gold wert. Alex lässt sich von mir ausziehen, ohne eine einzige schlüpfrige Bemerkung – es geht ihm wirklich überhaupt nicht gut – und stöhnt nur etwas, als ich ihm das Blut vorsichtig mit einem feuchten Tuch abtupfe. Er hat neben dem blauen Auge eine Platzwunde am Wangenknochen. Die Nase ist dick, ich hoffe, sie ist nicht gebrochen.

Ich reiche ihm eine Schmerztablette, die er brav mit Wasser herunterspült, dann packe ich ihn ins Bett.

»Minnie«, flüstert er mit geschlossenen Augen.

»Ja, Alex?«

»Es tut mir leid.«

»Alles gut, doch auf die Geschichte dazu bin ich gespannt. Aber erst morgen, Hase. Schlaf jetzt.«

Er schläft wie ausgeknockt. Ich dagegen liege bis etwa fünf Uhr wach. Zwischendrin wecke ich Alex einmal, für den Fall, dass er eine Gehirnerschütterung hat. Man soll ja prüfen, ob es sich wirklich um einen heilsamen Schlaf oder Bewusstlosigkeit aufgrund von inneren Blutungen handelt. Weil ich mir den Wecker auf sieben gestellt habe, ist die Nacht kurz und nicht sehr erholsam. In der Bank müssen sie ja Bescheid wissen, dass Alex heute nicht auftaucht. Ich rufe seinen Chef an, der natürlich die Buschtrommeln bereits gehört hat, aber auch weiß, dass sein bester Mann kein Schläger ist.

»Er soll daheimbleiben, bis das blaue Auge weg ist und sich die Sache geklärt hat, Minnie«, rät er mir und verkneift sich vermutlich mühsam ein »Lass ihn ja nicht in die Öffentlichkeit!«.

Gerhard hat sich eben im Chat nach Alex erkundigt, ich rufe ihn gleich zurück.

»Hast du durchgemacht?«, frage ich ihn erstaunt.

»Ja, aber jetzt geht es heim und ins Bett«, gähnt er mir ins Ohr. »Hat Alex schon was gesagt?«

»Nein, er schläft noch. Was hast du denn mitbekommen?«

»Wir wurden vom Türsteher informiert, dass sich zwei Männer, keine Jugendlichen, vor dem *Galaxy* heftig prügeln. Als wir ankamen, waren es dann sieben Männer. Alex hat ja ein paar Freunde und der andere wohl auch. Und Alex lag mit der Nase im Dreck und hat sich zuerst nicht gerührt.«

Mir ist ganz kalt bei dem Gedanken, und Gerhard meint:

»Ich hab mich echt erschrocken, Minnie. Ich dachte schon …«

»Ja, das kann ich mir vorstellen«, das Schlucken fällt mir schwer.

Gerhard führt weiter aus: »Wenn einer sich dauernd prügelt, ist das was anderes. Der ist das gewohnt, und wir Beamten dementsprechend leider auch. Aber Alex …«

»Ich weiß, Gerhard. Danke dir nochmals. Und jetzt schau, dass du ins Bett kommst. Müssen wir uns heute in der Inspektion melden?«

»Ja, das wäre gut. Der Sigi übernimmt, frag nach ihm. Und wenn Alex doch ins Krankenhaus muss, dann sag ihm Bescheid.«

»Mach ich! Gute Nacht.«

Ich überlege, ob das Auswirkungen auf Alex' Karrierebestrebungen haben wird. Immerhin könnte es sein, dass er eine Anzeige bekommt.

Wie es kommt, so kommt's. Ich kann momentan nichts daran ändern. Das betrifft ebenfalls den Videoanruf meiner Mutter, den ich in der Küche entgegennehme. Traudl lässt sich beruhigen, nachdem sie hört, dass Alex soweit in Ordnung ist.

»Er hatte bestimmt seine Gründe«, ist ihre erstaunliche Reaktion, der ich beipflichte.

»Übrigens Minnie, ich habe jemand für den Laden. Die Tochter einer Freundin aus Hamburg. Sie verkauft spezielle Mode.«

»Aha, wieder nichts Hiesiges. Was meinst du mit speziell? Dessous oder aus Hanf Gestricktes?«

Traudl kann nicht lachen, und ich merke bald, woran es liegt. Sie hat keine Ahnung! Ich erkläre ihr, was ich weiß, bin jedoch da auch nicht vom Fach. Denn ich liebe Farben und Blümchen, und bei der »speziellen« Mode handelt es sich um Gothic Style.

Wem es wie der Traudl geht: Es gibt natürlich unterschiedliche Strömungen und dementsprechende Kleidung. Will man diese Richtung auf einen Nenner bringen, könnte man es vielleicht – Ausnahmen bestätigen die Regel – so formulieren: schwarze Klamotten, traurig-depressive Musik und entsprechende düster-melancholische Gedanken. Werden diese nach außen getragen, erkennt man, dass sich die »Goths« von der Spaß-Gesellschaft abgrenzen wollen, die ihnen oberflächlich erscheint. So ganz unrecht haben sie damit nicht. Aber das kann ich persönlich auch in einem Blümchenkleid kommunizieren.

Traudl ist ein bisschen blass geworden – das sieht man sogar im Videochat – und ich erkläre ihr, dass diese Gesichtsfarbe gut zu den Gruftis, einer Gothic-Sparte, passt. Die hat nichts mit dem Alter zu tun, obwohl das manche Leute glauben.

Meine Freundin Maria war kurz vor dem Abi in dieser Richtung unterwegs. Ich fand es recht interessant. Wir haben viel diskutiert. Schonungslos, weil ich sie damals noch nicht so mochte wie jetzt.

»Das ist so ziemlich das ausgeprägteste Gegenteil, was du zur Regenbogen-Harriet auftreiben konntest«, kichere ich in Erinnerung an die Vormieterin, während mir die Lachtränen über das Gesicht laufen. Traudls Mundwinkel zucken etwas, sie ist dennoch nicht »amused«.

»Ja, meinst du, ich soll versuchen, das rückgängig zu machen?«

»Keine Ahnung, Traudl. Normalerweise sind die ja eher zurückgezogen und nicht aggressiv, halt etwas auffällig. Wenn die Käufer in vollem Outfit und kunstvoller Schminke anrücken, dann wirst du sicher einige Anrufe bekommen. Ich könnte vielleicht Fledermäuse und Spinnen töpfern und im Schaufenster dazu ausstellen.«

»Minnie!«

»Ja, Traudl?«

»Passen die nach Wasserburg?«

»Ehrliche Antwort? Vermutlich nicht. Aber man sollte immer in alle Richtungen aufgeschlossen sein, solange es nicht nach rechts geht. Eine Bitte, Traudl, wenn du dabei bleibst: Könntest du in den Mietvertrag noch aufnehmen lassen, dass möglichst wenig depressive Musik läuft, und die leise. Sonst wirkt sich das auf meine Arbeit aus. Und die Wolpertinger bekommen einen dämonischen Touch.«

Ich muss wieder lachen, wahrscheinlich bin ich die Horrornachbarin schlechthin für die Gothic-Verkäuferin. Mit meinem Gekicher und den bunten Farben.

Ich werde ernst und beende das Gespräch, als Alex im Türrahmen auftaucht. Er sieht völlig erledigt aus.

»Willst du einen Tee?«, frage ich und lege ihm zärtlich und sehr vorsichtig die Hand an die Wange, die nicht aufgeschrammt ist. Er nickt und keucht trotz der sanften Berührung auf.

»Du hättest ins Krankenhaus gehen sollen, Alex. Du hast vermutlich eine Gehirnerschütterung.«

»Von der laschen Rechten vom Sepp. Niemals.«

»Gerhard hat gesagt, er hat dich reglos im Dreck gefunden. Mit dem Gesicht nach unten.«

Die weiße Gesichtsfarbe des Helden wird etwas rötlich.

»Ich muss in der Bank anrufen.«

»Hab ich schon. Du sollst erst wieder kommen, wenn das blaue Auge weg ist.«

Er stöhnt. »Du hast meinem Chef erzählt, wie ich aussehe?«

»Alex, red keinen Schmarrn, ich bin doch keine Petze! Er wusste Bescheid. Dich haben gestern vermutlich einige Leute in Polizeigewahrsam gesehen.«

Das Stöhnen wird lauter. »Minnie, hast du noch eine Tablette für mich?«

Ich schaue kurz auf die Uhr: Sechs Stunden Abstand sollten es sein, das kommt hin.

Ich reiche ihm eine Kapsel und Wasser, danach bekommt er eine Tasse Tee. Müsli verweigert er, ein kleiner Keks mit Schoko geht.

»Hast du zu viel gesoffen?«, frage ich nun, denn der Keks spricht eigentlich dagegen.

»Nein, ein Bier und einen Whisky.«

»Was war dann der Auslöser?«

»Der Sepp hängt in dem Betrug mit drin, ganz sicher!«

»In welchem Betrug? Ich versteh nur Bahnhof.«

»Die Mutter vom Manuel, Irmgard. Die hat einen Anruf bekommen, angeblich von der Polizei, dass auf ihr Konto zugegriffen wird. Polizisten sind gleich darauf bei ihr aufgekreuzt, denen sie die Kontoverbindung und das Online-Banking-Passwort gegeben hat. Die Polizisten waren aber natürlich nicht echt.«

Ich erinnere mich an den Fall, den die Frau Kreuzpointner, die Mieterin unter mir, erwähnt hatte. Manuel und seine Mutter kenne ich flüchtig. Alex dagegen geht bei den Hells seit seiner Kindheit ein und aus. Deswegen nimmt ihn das auch so mit.

»Als Irmgard es Manuel erzählt und der die Polizei angerufen hat, war das Konto schon leergeräumt. Sie spart seit zwei Jahren auf eine Kreuzfahrt. Alles ist weg – über 6000 Euro!«

Ich bin jetzt nicht gerade der Kreuzfahrt-Befürworter – viele Menschen auf engem Raum, zu viel Halligalli, Essen und Gesaufe, dementsprechend jede Menge Müllerzeugung und Umweltbelastung. Aber deshalb bleibt so ein Betrug trotzdem eine Sauerei.

»Das tut mir sehr leid für sie. Kann die Polizei da was machen? Und wie kommst du drauf, dass der Sepp da mit drinhängt?«

»Weil er gestern damit geprotzt hat. Er hat im Gegensatz zu mir zu viel gesoffen! Und das werde ich beweisen.«

Ich frage nicht, ob das Saufen oder das Protzen gemeint ist. Alex hat verständlicherweise momentan wenig Humor.

»Ich muss zur Polizei und aussagen.«

»Das trifft sich gut, du musst nämlich zur Polizei und aussagen.«

Er sieht mich irritiert an, und ich richte ihm Gerhards Anweisung und die Wünsche aus.

»Kannst du mich hinfahren, Minnie? Ich glaube, heute will ich nicht durch die Stadt spazieren.«

Ich seufze, sehe es aber ein.

»Wenn du während der Fahrt genauso schweigst wie in der Nacht, gerne.«

Natürlich ist es mit dem Schweigen schon vorbei. So mies geht es Alex nicht mehr, dass er, der schlechteste Beifahrer aller Zeiten, nichts zu kommentieren hätte.

»Minnie, du hast rechts noch mindestens einen Meter Platz bis zum Randstein.«

»Beim Einparken parallel etwas vor das andere Auto fahren, dann im Fahren einschlagen, nicht im Stehen, das geht aufs Lenkgestänge!«

Ich weigere mich, einzuparken, solange er im Wagen sitzt. Irgendwann gibt er auf und steigt aus. Nachdem er mich gewarnt hat, den Motor nicht gleich abzustellen, damit der Turbo keinen Schaden nimmt. Nun steht er mitten auf der Straße, und sein Mund klappt auf und zu. Aber der Parkassistent und ich, wir verstehen uns, sobald Alex nicht zu hören ist. Das ist manchmal einer der Momente, in denen ich ernsthaft überlege, was ich an ihm finde. An Alex! Die Attraktivität des Parkassistenten ist unbestreitbar.

Ich ignoriere den Vortrag, den Alex mir hält, während ich den Parkschein löse und hinter die Scheibe lege. Schweigend wandere ich neben dem Gscheithaferl her, bis wir vor Tür der Polizeiinspektion stehen.

»Alex!«

»Ja, Minnie?«

»Du könntest dich vielleicht nun darauf konzentrieren, was du drin erzählen willst, wenn du dann mal mit deinen Belehrungen fertig bist.«

»Äh ja, gute Idee.«

»Und das nächste Mal kriegst du einen Helm über das hübsch zerbeulte Gesicht und sitzt wieder hinten auf der Vespa. Haben wir uns verstanden?«

Nun geht ihm ein Licht auf – die Warnlampe im Blinklichtmodus praktisch –, dass bei seiner Freundin die Sicherungen kurz vor dem Durchkokeln sind.

Schweigend folgt er mir hinein. Es dauert nur eine Minute, dann werden wir zu Sigi, Gerhards zuständigem Kollegen, ins Zimmer gebracht.

Sigi Maschmeyer ist viel ernster als Gerhard, fast ein wenig einschüchternd. Ich werde links liegen gelassen, was mich nicht stört, bis er anfängt, Alex dumm anzureden. Nicht, dass er nicht recht hätte, aber manche Sachen denkt man sich als Fremder eher, als sie auszusprechen.

»Sie sind eigentlich nicht der typische Discogänger, Herr Feichtner. Erzählen Sie doch mal vom Verlauf des Abends. Wir haben einige Herren aus Ihrer Gesellschaft schon befragt. Da gibt es Klärungsbedarf.«

»Ich habe mich mit zwei Freunden im ›Fit and Fun‹ getroffen. Wir haben bis um neun Squash gespielt und dann im Restaurant etwas gegessen.«

»Wer genau?«

»Sebastian Hartinger und Manuel Hell.«

»Sie waren nicht dabei?«, wendet er sich an mich.

Ich schüttele den Kopf. »Nein, ich habe keine Lust darauf, mich von drei Männern abschießen zu lassen. Ich spiele lieber Badminton.« Oder Hängemattenschaukeln, aber das geht ihn nichts an.

»Warum sind Sie dann hier?«

»Weil es meinem Freund nicht gut genug geht, dass er Autofahren kann. Außerdem ist er es einäugig nicht gewohnt.«

»Möchten Sie, dass Ihre Freundin dabeibleibt?«, wendet er sich wieder an Alex, der ihn erstaunt anschaut.

»Ja, freilich. Sonst wäre sie ja nicht hier.«

»Ich meine nur …«

Alex runzelt die Stirn. »Was denn?«

»Sie waren ja nicht nur in Herrengesellschaft.«

Alex hat keine Ahnung, wovon der Mann spricht.

»Geht es ein bisserl genauer, Herr Maschmeyer?«

Der Blick zu Alex sieht nach »ich habe Sie ja gewarnt« aus, dann legt er los.

»Sie waren in Gesellschaft von vier jungen Damen, die Sie wohl in der Disco aufgesammelt haben.«

Alex schüttelt den Kopf. »Wir sind doch gar nicht in die Disco rein. Wir standen draußen und haben noch geratscht. Irgendwann war der Hohenwarter Sepp da und hat über seinen Reichtum gequatscht, den er den Dummen verdankt, die nicht vorsichtig genug sind. Die Mutter von Manuel ist so neulich betrogen worden und hat 6000 Euro verloren.«

Dem Maschmeyer-Gesicht sieht man die Verachtung über Manuels Mutter nicht an, man spürte sie, ganz leicht, unterschwellig. Und dementsprechend spüre ich die Anspannung in meinem Freund. Ich kann nur hoffen, dass er sein Temperament unter Verschluss hält.

»Der Kollege hat heute früh schon die Cybercrime-Einheit in Rosenheim verständigt. Die werden prüfen, ob der Mann damit etwas zu tun hat. Aber solange Sie sich nicht mal an Ihren Besuch im *Galaxy* erinnern, sind Sie kein geeigneter Zeuge.«

Alex öffnet eben den Mund, um zu widersprechen, da legt ihm der Polizeimeister Fotos vor, die offensichtlich von einer Kamera im Club gemacht wurden.

Darauf sehe ich meinen Freund, der in einer Hand ein Glas mit weißlicher Flüssigkeit hält und mit der anderen eine etwa Zwanzigjährige an sich presst, die ihn anstrahlt. Na wunderbar.

Alex lässt sich in den Stuhl zurückfallen.

»Das gibt es doch nicht! Wie kann das sein, dass ich mich nicht erinnere?«

Glaube ich ihm oder nicht? Der Stich im Herzen tut gerade sehr weh. Er wendet sich mir zu und nimmt meine Hand, die ich ihm nur überlasse, weil ich kein blödes Grinsen auf dem Gesicht des Polizeimeisters sehen will.

»Minnie, ich weiß nicht, was da los war. Ich kann mich weder an den Discobesuch erinnern noch an das Mädchen.«

»Was hast du getrunken, Alex?«, gehe ich über seine Aussage hinweg und versuche, mich zu konzentrieren.

»Wie gesagt: ein Bier und einen Whiskey im ›Fit and Fun‹. Ich wüsste nicht, dass ich ins *Galaxy* gegangen wäre.«

»Was könnte das in dem Glas in deiner Hand sein?«

Er beugt sich vor, völlig verwirrt.

»Vielleicht irgendein Wodka?«

»So was hast du in den vergangenen fünf Jahren noch nie getrunken.«

»Möglicherweise hat ihn das Mädchen dazu animiert?«, kommt es hilfreich vom Profi. »Wissen Sie, wer sie ist?«

»Nein, die Mädels waren gestern alle weg, bis die Polizei da war. Aber wir suchen nach ihr als Zeugin. Tatsache ist, dass Sie im Club waren und etwas getrunken haben.«

Ja, da beißt die Maus keinen Faden ab. Das Bild mit Datum und Zeit belegt es nur zu deutlich.

»Der Hohenwarter kennt sie auch nicht?«

»Er sagt nein.«

Die beiden klären einige Zeiten und Namen der an der Schlägerei Beteiligten ab, dann geht der Sachbearbeiter raus auf den Gang zum Drucker. Die Tür bleibt offen, aber ich muss Alex trotzdem etwas ohne Zeugen fragen.

»Spricht etwas gegen einen Blut- und Urintest, Alex?«

»Wieso? Was meinst du?«

»Hast du irgendetwas wissentlich genommen, was nicht zum Vorschein kommen darf?«

»Spinnst du, Minnie? Ich rühr weder Gras noch irgendetwas anderes in Richtung Drogen an. Traust du mir das echt zu?«

Unser beider Blicke fallen auf die Fotos.

»Minnie, ich hab keine Erinnerung. Und du weißt, dass ich keine andere anschau.«

»Anschauen schon, aber antatschen wäre neu.«

Er sieht richtig niedergebügelt aus.

»Alex, wir sollten ins Krankenhaus fahren und schauen, ob dir jemand etwas in den Drink geschüttet hat. Du trinkst nie Wodka, auch nicht als Mix. Und ich finde es seltsam, dass das Mädchen nicht bei dir geblieben ist. Ich hätte dich nicht gehen lassen.«

Während ich das sage, zücke ich mein Handy und mache ein sicher verbotenes Foto von dem Ausdruck auf dem Tisch. Gerade noch rechtzeitig, denn der Polizeimeister ist zurück.

Er lässt Alex die Aussage unterschreiben, dann dürfen wir gehen, mit der Auflage an Alex, in Wasserburg zu bleiben.

Alex sitzt nun wieder schweigend neben mir im Wagen. Wir fahren die Serpentinen hinauf und sind gleich darauf am Krankenhaus angekommen.

Meine Freundin Sarina hat Dienst und nimmt recht flott Blut ab, nachdem wir ihr die Geschichte erzählt haben.

»Bei Knock-out-Tropfen muss man schnell sein, um sie noch nachweisen zu können. Im Blut sind sie vermutlich nicht mehr drin, aber im Urin vielleicht, falls du noch innerhalb der acht bis zwölf Stunden bist.«

Kurz darauf haben wir Gewissheit. Alex hatte tatsächlich etwas im Glas – außer dem Alkohol. Glücklicherweise ist das Zeug dafür bekannt, dass man es nicht freiwillig nimmt.

Der Arzt, der uns darüber aufklärt, verspricht uns, die Auswertung gleich an die Polizei zu schicken, damit Alex wieder besser dasteht.

Die Prügelei hat somit unter unwissentlichem Drogeneinfluss stattgefunden. Also darf man sie ihm nicht anlasten.

Die Tatsache, dass er dem Sepp eins auf die Nase geben wollte, bleibt aber bestehen. Ebenso wie die Möglichkeit, dass dieser am Betrug beteiligt ist.

»Und das werde ich beweisen, Minnie. Der kommt mir nicht davon!«

»Nein, das sollte er auf keinen Fall, da hast du recht. Der Gustl steht vermutlich nächste Woche wieder als Ermittlungspartner zur Verfügung.«

»Warum, wo ist er jetzt?«

»Du glaubst es nicht: Er und Traudl fahren heute Nachmittag bis Dienstag in den Bayerischen Wald.«

»Zusammen? Zum Wellness?«

Ich muss grinsen.

»Kannst du dir den Gustl beim Wellness vorstellen? Ich nicht. Nein, sie besuchen einen Freund in Waldkirchen und machen einen Ausflug nach Passau inklusive Donauschifffahrt.«

»Klingt toll. Sollen wir das auch mal machen? Oder den Baumwipfelpfad?«

Mich schaudert es etwas, ich hab es nicht so mit der Höhe. Andererseits würde ich es gerne mal versuchen – oder mich versuchen.

»Ja, ein Wochenende im Bayerischen Wald fände ich schön. Aber jetzt ruhst du dich erst einmal aus, und nachmittags spazieren wir eine kleine Runde, damit das Giftzeugs aus deinem Körper kommt.«

Alex legt sich zu Hause hin, während ich in meine Werkstatt gehe. Schließlich habe ich ein paar Aufträge zu erledigen.

In zwei Wochen findet ein Fest auf einem Alpakahof südlich von Wasserburg statt. Da hat meine Freundin Annemarie, die in der Färbergasse einen Dekoladen betreibt, einen Stand. Und das Annamirl, wie wir sie nennen, verkauft natürlich Alpakas dort, aus Holz, gestrickt und eben von mir getöpfert. Ich hatte schon Übung, da ich für ein Mädchen ein Alpaka als Geburtstagsgeschenk angefertigt habe. Seitdem gehen sie mir leicht von der Hand. Bunt und flauschig wirkend, oder getupft und glatt, mit knuffigen Ohren und großen runden Augen. Und nicht völlig wirklichkeitsgetreu, denn ich will ja ein Überraschungsmoment bei den Vorbeischlendernden erzeugen. Neben dem Ui-wie-süß-Ausruf, den die hübschen Tiere sowieso hervorrufen, darf gerne gelacht werden.

Als ich den Laden betrete, höre ich Stimmen. Die meiner Mutter und zwei fremde.

»Ach, da kommt ja Arminia. Dann könnte ihr euch gleich kennenlernen.«

Vor mir steht ein Paar in schwarzer Kleidung. Die Frau hat lange dunkle Locken und trägt ein Samtkleid mit weitem Ausschnitt, der einen Teil ihrer Tätowierung unter dem Schlüsselbein freilegt: dunkle Ranken mit blutroten Rosen. Ihre dunkel umrandeten Augen lassen ihr schmales Gesicht älter wirken, aber ich schätze sie auf höchstens Anfang 20. Ihre Lippen sind ebenfalls schwarz bemalt.

Der Mann neben ihr ist ganz sicher über 30 Jahre alt. Das Schwarz der strähnig ins Gesicht hängenden Haare scheint mir im Gegensatz zu ihrem nicht echt zu sein. Er ist bis auf die weiß grundierte Haut nicht geschminkt, deshalb glaube ich, dass er eigentlich ein heller Typ ist – brünett oder sogar blond. Er hat hellblaue Augen, fast silbern. Dann wird mir klar, dass er farbige Kontaktlinsen trägt.

Ich stelle mich vor und erhalte ein schüchternes »Hi, ich bin Belle« von ihr und ein »Raven, wie der schwarze Rabe« von ihm. Seine Stimme ist unglaublich tief. So tief, dass es mir in den Ohren wehtut. Das kenne ich manchmal von Opernsängern. Nachts möchte ich Raven nicht begegnen. Hat die schöne Belle keine Angst?

»Die beiden fangen gleich an, den Laden einzurichten, Arminia. Ich habe ihnen gesagt, dass sie dich fragen können, wenn sie Handwerker benötigen.«

»Das ist sehr nett«, dröhnt Raven, und mein Magen vibriert wie auf einem Flugfeld. »Aber wir werden dich nicht von deiner Arbeit abhalten.«

»Super, dann viel Spaß beim Einzug und viel Erfolg«, sage ich höflich. Das Mädchen schaut auf den Boden, während Raven mich fixiert. Heute Nacht schlafe ich bei Alex, der Typ macht mir Angst. Meine Mutter folgt mir in die Werkstatt und schließt die Tür.

»Wie findest du sie? Er ist angsteinflößend, oder?«

»Ja, irgendwie schon. Weißt du was von ihnen?«

»Sie ist für ihr Alter wohl noch ziemlich pubertär. War lange krank, magersüchtig, weil irgendein Freund ihr eingeredet hat, dass sie schlanker werden sollte.«

»Und nun lehnt sie sich am Raben an?«, vermute ich schaudernd, und meine Mutter nickt.

»Ihre Mutter, meine Freundin Alcina, kann damit nicht umgehen. Sie streiten nur. Und Alcina hofft, dass wir beide ein Auge auf sie haben.«

Ich seufze laut, und Traudl springt das schlechte Gewissen aus den Augen.

»Was sagen denn die Sterne, Traudl?«

Sie verbessert mich nicht, dass es eigentlich um die Planetenstellungen geht.

»Die sind sich nicht schlüssig.«

»Vielleicht ist ihnen der Himmel zu dunkel, mit dem ganzen Schwarz«, necke ich sie und ernte ein energisches »Arminia!«

»Wenn ich wieder da bin, widme ich mich der Sache genauer. Es war einfach zu wenig Zeit. Gustl holt mich übrigens in einer Stunde ab.«

Sie umarmt mich und zuckt zusammen, denn von vorne hören wir nun Musik. Ich erkenne *Depeche Mode*.

»Meinst du das mit depressiv?«, fragt Traudl zögernd, und ich nicke. »Ja, das ist aus den 90ern. Die waren ziemlich angesagt, aber mir eben zu wenig fröhlich. Ich werde mir wohl Kopfhörer besorgen.«

»Ich rede gleich mit ihnen«, meint meine Mutter entschlossen. Dann umarmen wir uns nochmals. Das machen wir mittlerweile häufiger, und es fühlt sich nicht mehr so seltsam an wie noch vor einem halben Jahr. Wir haben uns angenähert, und ich finde das sehr schön.

»Viel Spaß euch beiden und liebe Grüße an den Gustl.«

Nur zehn Sekunden nachdem sie den Laden betreten hat, tönt es schon deutlich leiser bis zu mir, und ich atme auf.

Mein CD-Player nimmt den Kampf auf, mit Chuck Berry und Co. Fröhlicher wäre nur noch Vader Abraham mit den Schlümpfen, aber das ist nicht so mein Ding.

Trotzdem sieht das erste Alpaka etwas trauriger aus als die anderen. Vermutlich gibt es auch in deren Leben mal nicht so gute Tage. Vielleicht wenn es zu warm ist oder sie Würmer haben.

Als ich so gegen vier Uhr aufhöre und aus der Werkstatt trete, trifft mich beinahe der Schlag. Ich bin in Versuchung, meine Handy-Taschenlampe zu aktivieren.

Die beiden sehen mich an. Belle kniet am Boden und kramt in einer Kiste. Raven schraubt einen Kleiderständer zusammen. Sie scheinen auf eine Reaktion zu warten.

»Hui, wie sich ein Raum verändern kann«, bringe ich zunächst nur hervor, woraufhin Raven lacht. Belle verzieht keine Miene. Ich glaube, Lachen ist sehr untypisch für diese morbid-nachdenkliche Stilrichtung.

Die hellen Regale sind mit schwarzen oder roten Tüchern ausgelegt. Darauf stehen künstlerische Objekte, oft aus Metall: Drachen, Schwerter, Eulen, Totenköpfe und echt beeindruckende Kerzenleuchter. Die würden auch zur Addams Family oder in ein transsilvanisches Schloss passen. Ihr ahnt vermutlich, welchen Hausherrn ich dazu im Kopf habe?

Daher wundern mich die riesigen Spiegel. Ein Vampir hat doch kein Spiegelbild, oder? Ach, ich bin ja falsch unterwegs. Hier geht es nicht um Vampire, nur die Deko tendiert in diese Richtung.

Ein schwarzes Sofa wurde mittlerweile geliefert, ebenso wie ein großer Tisch aus dunklem Holz, der wirklich toll aussieht. Das hab ich vor lauter »Rock around the clock« alles gar nicht mitbekommen.

Zwei tiefe Ledersessel stehen an der Wand. Ratet in welcher Farbe.

»Wir brauchen noch Blumendeko«, sagt Raven – vermutlich schwarze Rosen. Belle spricht wohl eher wenig in dieser Beziehung. Sie nickt nur und reicht ihm ein Kleid nach dem anderen, aus Lack oder Samt, es folgen violette Federboas und Masken, die ich der Sadomaso-Szene zugeordnet hätte. Ich, die Blümchenkleid-Fachfrau.

»Wo wohnt ihr denn eigentlich?«, frage ich neugierig.

»Wir sind noch auf der Suche. Hättest du ein Problem damit, wenn wir heute hier schlafen?«

»Eine Nacht geht das sicher. Hier habt ihr allerdings nur eine Toilette mit Waschbecken. Ihr könnt gerne meinen Wasserkocher hernehmen, falls ihr euch etwas Tee kochen wollt. Der steht drüben auf der Anrichte.«

»Danke, dann schönen Abend.«

»Ebenso.«

Normalerweise hätte ich meine Wohnung angeboten. Sogar dem mordverdächtigen Oliver habe ich die vor Kurzem zur Verfügung gestellt.

Aber Raven, den Raben, will ich nicht in meiner Wohnung haben. Der Typ ist gruselig. Und das liegt nicht an der Schminke, den Kontaktlinsen und dem Schwarz. Ich kann nicht festmachen, was mich stört. Doch da ist etwas!

In den nächsten Tagen ist es um mich sehr unruhig.

Alex ist wuselig und genervt. Er will den Sepp drankriegen und sucht nach dem Mädel auf dem Foto. Wenn ich ihn dabei erwische, sagt er ständig: »Minnie, das ist nur wegen den K.-o.-Tropfen. Das weißt du, oder?«

Ich würde mir seine Liebe ja aus Eigennutz beweisen lassen, aber ihm tut immer noch alles weh. Die Nase ist nicht gebrochen, schmerzt aber höllisch. Über den Rippen hat er Blutergüsse. Das hat mich richtig überkochen lassen, denn so sieht es vermutlich aus, wenn jemand einen Bewusstlosen »stiefelt«.

Das ist mit die feigste Handlung, finde ich: auf jemanden, der am Boden liegt, eintreten. Und deshalb machen auch Toni und ich bei der Aktion »Findet das durchtriebene Miststück!« mit.

Nebenbei hat sich Alex in dieser Nacht verkühlt. Wer weiß, wie lange er da auf dem eisigen Boden gelegen ist? Ich gehe daher in den Hätschel-Modus über, um ihm das Leiden zu erleichtern. Und ich bin sehr stolz, dass ich ihn nicht mit dem »Männerschnupfen« aufziehe, denn Alex gehört nicht zu diesem Typ Mann.

Wir Mädels durchforsten also die sozialen Medien, quetschen an einem Abend die Türsteher am »Fit an Fun« aus. Zeigen das Foto an der Bar herum – nachdem ich Alex aus dem Bild »geschnitten« habe. Sonst glauben die alle, ich suche das Herzerl aus Eifersucht.

Zudem geht es neben meiner Werkstatt hoch her. Beinahe bin ich in Versuchung, mir Harriet zurückzuwünschen.

Denn der neue Laden zieht Wasserburgs Jugendliche gleich am ersten Tag an wie der Honig die Bienen, oder die Bären – je nach Erscheinungsbild.

Alpakas und schwarze Messen

Mein erster Eindruck hat mich nicht getäuscht: Belle ist eine liebe, sehr schüchterne junge Frau. Und Raven ein schmieriger, arroganter Truppenkommandeur. Da er keine Truppen hat, jagt er Belle durch die Gegend. Und noch viel schlimmer: Er macht sie ständig runter, was sie mit einem sanften Nicken hinnimmt.

Ich habe bereits Sarina, Basti und Toni gebeten, sie mal unter die Lupe zu nehmen, ob sie unter Drogen steht. Denn nur so kann ich mir erklären, dass man diese Behandlung erträgt. Aber die drei vermuten eher eine Art Hörigkeitssyndrom.

Belle und Raven schlafen nach wie vor im Laden. Sie haben eine Trennwand aufgestellt, hinter der eine große Matratze liegt.

Ich halte mich momentan zurück, das soll Traudl klären, wenn sie am Dienstag zurückkommt. Aber ich sperre abends und wenn ich nicht da bin, die Tür zu meiner Werkstatt ab, da hat keiner was drin verloren – egal, welche Schminke er bevorzugt.

Tagsüber vergeht keine Stunde, in der nicht ein Besucher des Ladens in meine Werkstatt herüberschaut und mich beobachtet. Eigentlich hätten die Jungs und Mädels das schon mal früher machen können, sie sind wohl bei den bisherigen Ladeneigentümern wie dem Franz mit seinem Haustierbedarf nicht darauf gekommen. Und der weiße Teppich und die Regenbogen-Harriet waren für das junge Publikum sicher auch nicht verführerisch.

Natürlich muss man ganz klar sagen, dass meine Klientel weniger zum jugendlichen Bereich gehört. Die Wolpertinger sind bei Bayern mit Humor oder Touristen – mit oder ohne Humor – beliebt. Die niedlichen Tierchen lieben die Kleineren, und dann gibt es eben die Auftragsarbeiten für die Liebhaber.

Trotz der Störungen ist es nett, so viel Besuch zu bekommen.

Meine Werkstatt sei cool, höre ich von schwarz bemalten Lippen. Und ab und zu erwische ich einen der »Traurigen« bei einem kleinen Lächeln. Ganz klein, sodass es niemandem außer mir auffällt. Denn Minnie ist wieder im Stalking-Modus, sprich, sie beobachtet alles genau.

Der Laden hat nur nachmittags geöffnet. Vormittags sitzt unser Mieterpärchen vor seinen Laptops. Auf Ravens Desktop erspähe ich im Vorbeigehen meist Bilder von schwarzgekleideten wunderschönen Frauen, denen Belle sehr ähnlich sieht.

Nebenbei: Der Mietvertrag läuft laut meiner Mutter nur auf sie.

Belle tippt viel. Ich habe mich mal bei ihr erkundigt, als der schwarze Meister nicht anwesend war, ob sie auch schreibt wie ich.

Sie ist unter der Schminke etwas rot geworden und meinte leise: »Ich habe die Schule abgebrochen, weil ich es zuhause nicht mehr ausgehalten habe. Aber ich lerne selbst weiter, damit nicht alles umsonst war. Behalte das bitte für dich«, kam noch hinterher. Vor wem sie es geheim halten will, weiß ich nicht. Außer Raven – dem ihr Tun sicher nicht entgeht – betreten nur Kunden das »Mystic Princess«. So haben sie den Laden benannt, der offensichtlich nicht schlecht läuft.

Als ich danach frage, belehrt mich Raven in überheblichem Ton: »Die kommen bis aus München her. Hier treffen sie Gleichgesinnte, das ist doch was anderes als in den Internetcommunitys. Und wir sind kleiner als die großen Läden in den Städten.«

Dazu tauchen noch die neugierigen Wasserburger auf. Frau Kreuzpointner erscheint natürlich erst nach Ladenschluss mit einer Ausrede: »Ich wollte mal kurz zur Minnie schauen …«

Wer keine Berührungsängste hat, ist die Kati-Oma. Sie schneit im Rollstuhl herein, mit einer breit grinsenden Toni, die sie schiebt.

Belle wirkt zuerst etwas eingeschüchtert, weshalb ich ihr einen Tipp gebe: »Die Kati-Oma ist eine Naturgewalt. Entweder sagst du ihr einfach, was sie wissen will, oder du redest schneller als sie, damit sie nicht zu Wort kommt.«

Nun muss sie glatt lachen und beherzigt meinen Vorschlag, indem sie der Oma die Kleider zeigt und ihre eigene Frisur erklärt. Die ich übrigens wahnsinnig schön finde. Wäre sie nur nicht so kompliziert – dafür fehlt mir die nötige Geduldsfadenlänge. Auch die Kleider haben was, muss ich sagen. Bis auf das ewige Schwarz.

Ich nehme die Kati-Oma auf eine Tasse Tee mit in meine Werkstatt, während Toni sich ein Spitzenkleid anguckt. Ihr Blick wirkt etwas entrückt – sehr Toni-unspezifisch. Was mir meine Sommerkleider sind, sind ihr die Jeans. Vielleicht denkt sie an Fasching?

Als wir an Raven vorbeikommen, der sich mit einer nicht mehr ganz so jungen Frau in Lederkluft und Kapuzenmantel unterhält, zucken wir beide zusammen.

Diese Lady hat ein fürchterliches Mundwerk!

Die Stimme an sich ist schon nicht schön, zu schrill, finde ich. Noch dazu kommt aus der Goschn so viel Unsinn in atemberaubender Geschwindigkeit, dass ich unwillkürlich mit dem Rollstuhl einen Zahn zulege.

»Wenn ich so einen Sprachfehler hätt, würd ich ned so kreischen«, sagt die Oma kopfschüttelnd. Ich stelle den Wasserkocher an und meine: »Einen Sprachfehler hab ich gar nicht gehört, weil meine Ohren so geklingelt haben. Aber dafür kann sie ja nix.«

»Für den Sprachfehler ned, aber für die Lautstärke. Und du weißt ja, Minnie, weniger ist meist mehr.«

Das widerlegt sie sofort, weil sie zwei Löffel Zucker in den Tee haben möchte, wenn ich ihr schon keinen Whiskey dazu gönne. Die Kritik halte ich aus, denn sobald die Kati-Oma spitzkriegt, dass eine Flasche von Alex hier unten steht, füllt sie mich wieder ab. Da hab ich keine Lust darauf!

Im Laden vorne wird es laut, und die Kati-Oma stellt ihre Tasse ab und rollt zur Tür. Nur nichts verpassen, lautet ihre Devise. Ich folge ihr, denn Toni will sowieso wieder aufbrechen und sie zurück ins Seniorenheim bringen.

Im Laden sind außer Raven und Belle nur noch die »Goschn« und ein junger Mann. Das Mädchen steht zwischen den Männern und sieht hin und her wie beim Tennis.

»Du bist nicht mehr angesagt, Kleiner. Sie steht auf Männer. Mach dich vom Acker«, sagte der von Natur aus überhebliche Raven.

Der junge Mann, schätzungsweise in Belles Alter, ballt die Fäuste, wendet sich jedoch Belle zu. Er hat ein schmales Gesicht, in dem ein paar Pickel von der noch nicht allzu lang bewältigten Pubertät zeugen, die Frisur – ein Undercut – passt nicht so wirklich zu der Harry-Potter-Brille. Ein großer Schlaks, die Jeans schlabbert an den dünnen Beinen herum, der viel zu weite Kapuzenpulli hat für mich eine sehr angenehme hellblaue Farbe. Ein Farbklecks im Schwarz seiner Umgebung, wie ich und vor allem die Kati-Oma mit ihrem pinken Schal.

»Belle, der ist nicht gut für dich. Komm zu mir zurück, bitte.«

Das Mädchen schüttelt den Kopf, es wirkt auf mich, als wäre es ihr sehr unangenehm.

»Tut mir leid, Jonas, aber es ist aus. Ich muss einen neuen Weg gehen.«

»Das mag sein, ich versteh dich ja. Aber doch nicht mit dem!«

Nun packt ihn Raven am Pulli und zieht ihn zu sich heran.

»Raven!«, Belle fasst nach seinem Arm.

»Du verschwindest jetzt ganz schnell, sonst …« Ich muss zugeben, Raven wirkt deutlich bedrohlicher als dieser Jonas mit dem Hoodie-Aufdruck »Ich räume erst auf, wenn das WLAN-Signal nicht mehr durchkommt«.

Erstaunlicherweise hält er dagegen, obwohl ich das Gefühl habe, innerhalb der weiten Sachen schlottert da einer vor Angst.

»Du bist ein alter Sack, der auf junge Mädchen abfährt. Du Kinderschänder!«

Hui, das ist heftig. Dementsprechend holt Raven auch mit beiden Händen aus und verpasst Jonas einen so groben Stoß, dass der plötzlich auf dem Boden sitzt.

»Raven, bitte«, fleht Belle, der inzwischen die Tränen über die Wangen laufen.

Eine kleine Bewegung neben mir lässt mich den Kopf wenden. Die Frau mit der unsäglichen Stimme starrt Raven an. Und aus ihren Augen sprüht der Hass. Was ist denn mit der los? Ist das gar keine Kundin? Und warum regt sie Ravens Umgang mit dem Jungen so auf?

Jonas rappelt sich soeben auf, aber bevor er sich erneut mit dem Raben anlegt und vermutlich einen noch schmerzhafteren Schlag einstecken muss, sause ich nach vorne.

»Jungs, hier wird nicht geprügelt, ist das klar?«

Die Kati-Oma folgt mir rollenderweise und stoppt an meinen Fersen. »Autsch.«

»Ja, sonst holen wir die Polizei!«, schreit sie und fuchtelt mit ihrer Tasche herum. Toni nimmt sie ihr entschlossen ab, ehe sie sich selbst k. o. schlägt.

Raven hebt die Hände und tritt einen Schritt zurück.

»Belle, mach deinem Ex-Lover klar, dass er verloren hat und sich verziehen kann. Wie hast du es nur mit so einem Nerd ausgehalten?«

Belle und Jonas starren sich an, dann senkt der Junge den Kopf.

»Ein Nerd? Mehr bin ich nicht für dich?«

Sie will was sagen, er schüttelt mit zusammengebissenen Zähnen den Kopf. »Lass es lieber, sonst regt sich der Choleriker wieder auf, und du musst es ausbaden. Wann immer du es dir anders überlegst, ich bin für dich da.«

Hm, das klingt süß, obwohl er wirklich sehr nerdig wirkt. Und die Anschuldigung eben gegen Raven war nicht in

Ordnung, finde ich. Andererseits ist der Kerl so unsympathisch, dass ich ihm durchaus eine aufs Mundwerk gegönnt hätte.

Jonas verlässt den Laden, die Frau folgt ihm, geht aber in einer anderen Richtung davon als er.

»Alles okay?«, frage ich Belle, die nach wie vor weint.

»Natürlich ist alles okay. Er war halt ihre Kinderliebe, aber ein Mädchen wie Belle braucht einen Beschützer, der ihr die Welt zeigt.« Er schließt sie in die Arme, was ich heute zum ersten Mal sehe.

»Wir hätten es gern von Belle gehört«, meint Toni ernst, was ihn zusammenzucken lässt. Toni kann eklig werden, wenn sie das Gefühl hat, jemand wird unterdrückt.

Raven gönnt uns wieder sein Unsympathischer-Psycho-Lächeln.

»Wie geht es dir, Belle?«, fragt er sanft, mit einer kaum wahrnehmbaren Spur von Ironie. »Magst du es selbst sagen?«

Sie sieht mich an, dann Toni und schluckt schwer. Schließlich erwidert sie ruhig: »Alles in Ordnung. Entschuldigt bitte den Ärger.«

Als wir auf dem Weg zum Seniorenheim sind, frage ich Toni: »Sag mal, wenn einer das mit dem Kinderschänder zu Alex oder Basti gesagt hätte – denen wäre der Gaul durchgegangen, oder?«

Toni nickt. »Was nicht heißt, dass das gut wäre. Vielleicht ist ein älterer Mann – Raven ist ja vermutlich über Mitte Dreißig – etwas abgebrühter und gefasster.«

»Oder er hat es schon öfter gehört.«

»Ich hätte ja die Polizei geholt«, sagt die Kati-Oma energisch. »Dann weiß man gleich, ob da was dran ist.«

Wo sie recht hat, hat sie recht. Aber es war zu schnell vorbei, als dass die Polizei rechtzeitig da gewesen wäre.

Toni und ich wechseln einen Blick. Ja, möglicherweise machen wir das bei einer zweiten Gelegenheit trotzdem. Weil wir Raven einfach nicht leiden können.

Das Alpaka-Hoffest steht am nächsten Samstag an.

Wer sich darunter nichts vorstellen kann: Auf einem Hof südlich von Wasserburg leben diese knuffigen Kamelzwerge, werden gehätschelt und geben dafür ihre Wolle ab. Und weil viele Menschen sich von den runden Augen und dem Schnäuzchen bezaubern lassen, feiern die Besitzer jedes Jahr einmal ein Hoffest, wo sie die Tiere aus der Nähe präsentieren.

Es gibt Stände wie auf einem Markt, da wird viel Selbstgemachtes – gestrickte Alpaka-Socken und Co. – verkauft. Unter dem Co. finden sich natürlich auch getöpferte Alpakas mit dem M. M.-Logo. Die verkauft meine Freundin und Geschäftspartnerin, das Annamirl, für mich. Deshalb kann ich mich auf einen Ausflug mit der Kati-Oma und einigen ihrer Freunde aus dem Seniorenheim konzentrieren.

Um das genauer abzusprechen, fahre ich heute mal auf den Hof.

Alex geht es inzwischen besser, er arbeitet seit einigen Tagen im Homeoffice, denn sein Chef will ihn mit dem blauen Auge nicht in der Bank haben.

Als ich bei ihm vorbeischaue, ist gerade Gerhard da. Die beiden sprechen über den Hohenwarter Sepp und wie sie ihn drankriegen können. Gerhard hört sich mittlerweile fast so fanatisch an wie mein Freund und lässt seine Kontakte spielen.

Ein Cyber-Spezialist aus Rosenheim ermittelt ebenfalls, also ist der Verdacht wohl nicht ganz von der Hand zu weisen.

Ich stelle den Herren eine Brotzeit hin und verspreche, mich weiter mit der Toni in Facebook und Instagram nach dem Mädchen umzuschauen.

Doch zuerst setze ich mich auf meine Vespa und düse aus Wasserburg hinaus in Richtung Alpen, die heute sehr nah scheinen. Es wäre bis zu den Bergen ohnehin nur eine dreiviertel Stunde Fahrzeit, aber heute sehen sie aus, als stünde ich bereits davor und müsse nur die Hand ausstrecken, um sie zu berühren. Der Wendelstein rechts, Hochries und Kampenwand links vom Inntal und vor den beiden quasi der Hausberg, der Samerberg. Bald muss ich mein Vehikel einmotten, es ist recht frisch bei 77 km/h im Oktober.

Als ich nach einer Viertelstunde auf den Hof der Reitmeiers einfahre, sausen gerade die Kinder mit Laufrad und Roller über das Pflaster.

Aus dem Stall kommen Max und Regina, die wohl eben die Tiere gefüttert haben.

Wir besprechen, wann ich mit wie vielen Senioren anrücken kann.

Die Kuchenauswahl wird, wie immer bei solchen Festen, groß sein, denn im Umkreis gibt es viele fleißige Frauen, deren Kuchen – im Gegensatz zu meinen – aussehen wie aus der Theke der Bäckerei Zeilinger oder des Alpencafés in Griesstätt.

Ich reserviere für meine Gruppe je einen Tisch am Gehege zum Schauen und einen auf dem Hof zum Kaffeetrinken.

Während ich mit Regina über die Alpakas rede, knattert ein uralter Eicher Diesel-Bulldog in den Hof.

Auf dem Fahrersitz hockt der Nachbar der Reitmeiers, ein Landwirt mit sonnengebräuntem Gesicht und flachsblonder Matte. Wann immer ich den Hias, die Abkürzung kommt von Matthias, sehe, muss ich grinsen, denn der Kerl verbreitet ständig gute Laune. Er ist genau 40 Jahre alt und nach wie vor ohne Frau. Das mag daran liegen, dass er es 25 von den 40 Jahren recht bunt getrieben hat und keine Verwendung für ein und dieselbe Frau an seiner Seite hatte. Kaum stand der Vierer vorn bei der Altersangabe, ist ihm das wohl schlagartig aufgefallen.

Woher ich das weiß?

Vielleicht weil er nicht nur einer der mitteilsamen Männer – auch ohne Alkohol – ist. Nein, er ist gleich zu »Landwirt sucht die große Liebe« gegangen, wo er weit kam, aber gegen zwei verliebte Schafzüchter verlor. Er hat sich ein paar Mal mit seiner »Frau« getroffen, leider war sie nicht die richtige.

Nun ist der Hias erneut auf Freiersfüßen unterwegs, hab ich es munkeln gehört. Dass das stimmt, erzählt er mir sogleich.

»Servus, Minnie. Hast schon ghört? Ich bin verlobt«, strahlt er mich an. Er ist wirklich ein Netter. Manchmal frage ich mich, warum die Netten so oft übrigbleiben und irgendwelche Frauenschläger, nur weil sie soooo männlich cool sind, die Mädels abbekommen. Letztere werden meist ja nicht klüger, sondern fallen immer wieder auf den gleichen Typ Mann rein.

»Erzähl schon, Hias. Wer ist sie? Und wo hast du sie kennengelernt?«

»Sie heißt Rita, ist genauso alt wie ich und kommt aus … Idar …«

»Idar-Oberstein?«

»Ja, nein, weiß nicht. Auf jeden Fall nicht aus Bayern.«

»Und woher kennst du sie dann? Du reist ja sonst ungern in Gegenden nördlich des Weißwurstäquators.« Ich könnte auch sagen, dass er immer innerhalb des Altlandkreises Wasserburg bleibt, aber ich bin ja nicht gschert.

»Mei, Minnie, lebst du hinter dem Mond?«

Nein, ebenfalls im Wasserburg Altlandkreis, denke ich. Und ich komme auch nicht sehr weit herum, muss ich zugeben.

»Ich hab sie gedatet!«

»Hm, ja, das denk ich mir, aber wo?«

»Na, im Netz!«

»Ah, das geheimnisvolle Internetz«, necke ich ihn, und er zwinkert. »Akkurat erraten, Minnie. Auf *love-is-all-around-you.com.*«

Ich verbeiße mir das Lachen, denn er ist so begeistert. Hoffentlich ist diese Rita ein Schatz, wie er ihn verdient.

»Und kann ich sie mal kennenlernen, Hias?«

»Freilich, spätestens auf dem Hoffest, Minnie.«

»Und was macht sie beruflich? Ist es dann schwer für sie, hierher zu ziehen?«

»Naa, gar ned, sagt sie. Sie arbeitet online, das kann sie von überall aus.«

»Und was arbeitet sie da?«

»Mei, des weiß doch ich ned. Is mir auch wurscht, sie ist schon bei mir eingezogen.«

Er sieht so glücklich aus. »Das freut mich für dich, Hias. Ich drück alle Daumen, dass es mit euch klappt.«

»Danke, Minnie. Der Alex hat übrigens auch ein Glück mit dir.«

Er zwinkert wieder, aber ich weiß, dass er mich nicht anbaggern will. Wir sind uns einfach sympathisch.

»Danke, ich richte es ihm aus. Spätestens wenn wir uns das nächste Mal streiten.«

Er lacht und knattert davon.

»Warum fährt er jetzt wieder?«, wundert sich Max, der kurz nochmals im Stall war. »Ich dachte, er hilft mir bei der Koppelumzäunung.«

Ich muss grinsen. »Das hat er vermutlich vergessen vor lauter Liebe, die in der Luft herumschwirrt.«

Max grinst auch. »Na ja, mein Fall wär sie nicht, ist ein bisserl krachert, aber ned schiach. Und wenn er glücklich ist. Bisher war sie immer nett, wenn sie hier war.«

»Ich kenne Leute, da hat es geklappt über das Datingportal – und ein paar, die leider böse auf die Schnauze gefallen sind.«

»Mei, das ist früher auch schon passiert – ohne Datingportal. Da is ma ahnungslos ins Bierzelt ganga, hat sich a hübsches Deandl aufglesen, das einem dann sechs Wochen später erzählt hat, dass es zufällig von einem geschwängert worden ist – in der ersten Nacht. Und des soll ein Mann glauben!«

Auf den Satz hin bekommt er einen Schlag auf den Hinterkopf, der sich gewaschen hat. Den hat er sicher gespürt. Aber den Schmerz lindert gleich darauf der anschließende Kuss. Zumindest lacht Max, der seine Regina schon oft genug so aufzwickt hat. Sie verzeiht es ihm, weil die zwei noch genauso verliebt sind wie am ersten Tag, also der Bierzeltnacht.

Nachdem nun alles für das Hoffest besprochen ist, müssen Alex und ich am Samstag nur die sechs Herrschaften aus dem Seniorenheim mit dem geliehenen Transporter abholen und hierher bringen. Und nicht zu vergessen, sie beaufsichtigen, denn der Kati-Oma und ihrem Galan kann man nicht immer trauen. Die seilen sich gerne ab.

Ich knattere nun auch zurück, nicht ganz so laut wie der Eicher Bulldog, aber mit dem unverwechselbaren Vespa-Sound. Ich flitze die Allee zur Stadt hinunter und über die Brücke, dann stelle ich mein Vehikel unten vor dem Haus ab. Als ich zum »Mystic Princess« komme, das eigentlich um die Zeit bereits geschlossen ist, stutze ich. Ich höre dumpfe Musik, sehe flackerndes Licht von Kerzen.

Vorsichtig öffne ich die Tür, fast schon in der Befürchtung, dass ich Belle und Raven bei einer morbid-heißen Szene ertappe. Ich glaube, ich habe unwillkürlich ein Auge zugekniffen. Trotzdem sollte ich wissen, ob alles in Ordnung ist. Schließlich ist es ja keine Wohnung, obwohl Traudl immer noch nichts gesagt hat, dass die beiden sich eine solche suchen sollten.

Morbid passt zu der Szene, die sich mir sofort erschließt, aber heiß würde ich sie nicht nennen.

Eher düster-romantisch. Letzteres wegen der Klamotten. Einige der etwa fünfzehn Besucher stehen in dunklen Mänteln da (die Männer), Nieten und Schließen gehören dazu. Die Schminke ist teilweise krass, ich hatte noch nie so viel Farbe im Gesicht. Bei den Frauen fallen die besonderen Frisuren, hohe schwarze Stiefel und Kleider mit Korsagen auf, die vorherrschende Farbe ist … schwarz, aber auch rot und violett. In dem Kerzengeflacker ist das für mich, als Sonnen- und Blumenkind, schon beeindruckend.

Überall in den Regalen, auf der Fensterbank, auf dem Tresen neben der Kasse und sogar auf dem Boden stehen brennende Kerzen, bestimmt 30 Stück in allen Größen und natürlich aus schwarzem Wachs.

Ich bin unsicher, ob ich diese Versammlung auflösen soll, von der ich nicht weiß, was sie bedeutet. Muss ich mit Tierritualen rechnen? Wo ist eigentlich George?

Dann sehe ich das Plakat auf einem Schild neben der Tür: »Musik der Nacht«.

Okay, das hört sich jetzt eher nach Musikveranstaltung in hoffentlich friedlicher Absicht an. Und dazu gehören mystische Klänge. Ich als Fantasyautorin sauge die Szene quasi wie mit einem Strohhalm in Rohrmaßen in mich auf. Die Musik, die fremdartigen Kostüme, die Kerzen – sollte ich mich doch mal an einen Vampirroman wagen? Obwohl ich bisher eher auf neu kreierte Wesen und geheimnisumwobene Natur inklusive Gestaltwandler und Eisgeister gesetzt habe?

In diesem Moment öffnet Belle, die mit zwei weiteren Frauen in einem Kreis von Kerzen auf dem Boden sitzt, ihre Augen und sieht mich. Sie nimmt mich wahr und nickt – also keine zu tiefe (Drogen-)Trance. Seit wann habe ich eigentlich solche Vorurteile?

Ich forme mit dem Mund die Worte »alles okay« und ziehe die Augenbrauen fragend hoch. Das Mädchen lächelt und nickt wieder. Dann will ich ihr hier mal vertrauen. Und trotz des Vertrauens in meiner Wohnung googeln, was der Begriff »Musik der Nacht« bedeutet, denn ich bin ein verantwortungsvoller Hausmeister, auch wenn ich kein intoleranter spießiger Hausl sein will.

Unter dem Begriff finde ich über ein paar Internetecken Gothic Musikvideos. Ich höre in einige rein. Gute, entweder dunkle Stimmen oder helle Soprane mit Operntremolo, nicht schlecht. Ein bisschen viel Electronic Sound oder Metal für mich. Die Stimmung wechselt zwischen schwermütig-depressiv und rockig. Aber nichts, was auf irgendwelche absonderlichen Rituale hinweisen würde.

Der tolerante, gut informierte Hausl findet dennoch, dass Traudl wissen sollte, dass in ihrem Haus »Musik der Nacht« gespielt wird.

Sie nimmt es hin – mit einem sehr langen Schweigen. Gefolgt von einem noch längeren Seufzer. Und bittet Alex und mich, etwas später nachzusehen, ob die Leute gegangen und die Kerzen ausgeblasen sind.

Mein Freund ist soeben eingetroffen, er bewegt sich mittlerweile recht flüssig, und das Auge hat jetzt nur noch einen gelben Ring außen herum. Außerdem strahlt er regelrecht.

Die Besprechung mit dem Chef ist günstig verlaufen, denn er darf nächste Woche wieder arbeiten – er soll nur direkten Kundenkontakt vorerst vermeiden.

»Und vor den Kollegen kommen und nach ihnen gehen, außerhalb der Öffnungszeiten?«, rate ich, und sein etwas zu breit geratenes Grinsen verrät mir, dass ich richtig liege. Es ist ihm sichtlich peinlich, aber man muss den Chef schon auch verstehen.

»Wunderbar, Hase, das freut mich für dich. Was gibt es Neues im Fall Hohenwarter?«

»Nichts! Einfach nichts! Wir stoßen immer wieder an einen Punkt, wo Gerhard und sogar dem Lothar in Rosenheim die Befugnisse ausgehen. Wir haben zu wenig Beweise, damit wir Beweise suchen dürfen. Es ist echt zum Haare raufen. Scheiß Datenschutz, saublöder.«

»Morgen setze ich mich mit Toni hin und gucke in Instagram. Das Mädel muss doch zu finden sein.«

»Ja, möchte man meinen. Jeden Scheiß stellen sie online, wie sie ihre Wimpern zukleistern oder wenn sie auf einer Hängebrücke stehend die Leute austricksen.«

Ja, ein Irrsinn, über den wir uns schon kopfschüttelnd amüsiert haben. Zu dieser Hängebrücke an der Olpererhütte in den Zillertaler Alpen marschieren die Instagram-Suchteln sogar mit Kleidchen und High Heels, um ein Foto zu machen. Die Brücke befindet sich allerdings nicht in schwindelerregender Höhe, wie alle Foto-Betrachter glauben sollen. Nein, sie führt über einen kleinen Wasserlauf. Menschen stehen an, um sich auf ihr in zehn Sekunden für ein spektakulär wirkendes Foto – sogar hüllenlos – ablichten zu lassen. Denn dann drängelt der nächste. Das ist wieder kein Spaß für die Natur!

Es gelingt mir, Alex abzulenken. Das ist nicht schwer, er ist ein Mann. Doch er tut mir wirklich leid. Ich weiß nicht, ob ich auch so wütend wäre wie er, wenn man mich so zugerichtet hätte, wahrscheinlich hätte ich vielmehr Angst. Aber seine Wut rührt sicher hauptsächlich daher, dass Manuels Mutter so abgezockt wurde.

Und nun habe ich ein schlechtes Gewissen, weil ich noch nicht fleißiger geforscht habe.

Da fallen mir die Erdgeschossmieter wieder ein.

Alex schläft tief und fest, also sause ich allein die Treppen hinunter. Die Kerzen sind aus, das elektrische Licht brennt, und Belle sammelt eben die Sitzkissen vom Boden auf.

»Belle, alles in Ordnung?«

»Ja, Minnie, danke.«

»War eure Veranstaltung schön?«

»Ja, besinnlich. Wir waren so vertieft, das mag ich sehr.«

Sie wirkt glücklich und ruhig.

»Gut, ich schau schnell, ob die Haustür vorne zu ist.«

Sie winkt ab. »Das macht Raven schon. Er begleitet gerade die Leute raus und kommt gleich zurück. Ich sag es ihm.«

»Okay, danke. Gute Nacht, Belle.«

»Gute Nacht, Minnie.«

Durch die Scheibe sehe ich einen Schatten: Raven steht draußen, aber recht nah an der Straße. Und er ist nicht allein.

Warum muss ich immer nachgucken?

Es kann mir eigentlich völlig egal sein, mit wem der Rabe unter den Arkaden herumkrächzt.

Doch das ist es mir nicht. Wegen Belle? Oder einfach, weil mir so ein Typ noch nie untergekommen ist?

Auf jeden Fall ziehe ich die Tür zu den Arkaden vorsichtig auf – nur einen Spalt – und luge hindurch.

Zwei Kapuzenleute stehen im Schein der Straßenlampen. Der mit dem Rücken zu mir ist Raven, die Statur erkenne ich mittlerweile. Er unterhält sich mit der Frau, die neulich im Laden war, als dieser Jonas aufgekreuzt ist. Die mit dem hasserfüllten Blick in Richtung Raven.

Nun sieht sie nicht hasserfüllt aus. Sie redet auf Raven erregt ein, der die Kapuze bewegt, was nach einem Nein aussieht. Sie dreht sich um, will wohl gehen, er packt sie jedoch am Arm, reißt sie sehr grob herum und zieht sie nahe an sich heran. Eine Sekunde später jault er auf und hüpft auf einem Bein, während die Frau in der Frauengasse gegenüber abtaucht. Das könnte ein blaues Schienbein bedeuten. Sie war mir nicht sympathisch, aber jetzt – gut gemacht!

Doch nun zackig ab nach oben, Minnie. Der Rabe geht in Richtung Nest.

Ich bleibe im ersten Stock stehen und höre, wie Belles Stimme ihn empfängt und seine grantig klingende Antwort: »Ja, ich weiß, wie man Türen schließt, Belle. Sie ist zu!« Dann wird die Ladentür versperrt, und ich steige nachdenklich hinauf.

Eine Zeitlang liege ich noch wach und denke über die vielen verschiedenen Menschen nach, die unseren Erdball und sogar das kleine Wasserburg bevölkern. Wir sind schon eine seltsame Spezies.

Ich fange bereits vormittags an, mich durch alle möglichen Facebook- und Instagram-Accounts zu wühlen. Nachdem ich hier eher nachlässig bin, muss ich in vielen Gruppen zunächst um Aufnahme bitten: die Discoladys Waterburgh, hot chickens Wasserburg, Dancing b(p)itches und ähnlichen Käse. Eigentlich müssten einige von denen gerade aufmerksam lauschend in der Schule sitzen. Doch die Zerstreuung wird wohl anderweitig gesucht, denn ich werde fast überall innerhalb der nächsten Minuten freigeschaltet. Gut für mich, da kein Zeitverlust. Nervig sicher für einige Lehrer, wenn plötzlich zehn Mädels in der Klasse meinetwegen grad wild zu tippen beginnen.

Wie vielen wohl eben das Handy abgenommen wird, überlege ich grinsend.

Als Toni am frühen Nachmittag zu meiner Unterstützung auftaucht, bin ich noch nicht wirklich weiter.

»Ein paar Bilder gibt es aus einem Club in Kolbermoor, da könnte sie von schräg hinten drauf sein. Aber die sehen alle so gleich aus. Lange glatte geföhnte Haare oder Dutt – natürlich hellblond. Und dank der Schminke wirken einige wie geklont«, klage ich ihr mein Leid.

Toni ist meiner Meinung. »Das könnte sie wirklich sein, schau mal nach, wer da der Gruppenadmin ist.«

Da stehen zehn Mädchen aufgelistet. Ob sie zu denen gehört? Man weiß es nicht. Jetzt googeln wir die Namen. Doch erst als ich auf Bildersuche gehe, finden wir sie. Bei einer Stadlparty vor einem Jahr wurde sie im Bild mit Namen gekennzeichnet: Mariella Sommer.

Toni und ich klatschen uns ab und melden den Namen natürlich gleich an Gerhard.

Gerhard ist seit dem vergangenen Fall etwas handsamer geworden. Er veräppelt mich nur noch halb so oft, und ich versuche, ihn ein bisschen ernster zu nehmen. Was nicht immer leicht ist.

Zum Beispiel jetzt, als er sich in der Polizeiinspektion sofort online auf die Suche macht.

»Super, Minnie, das ist sie. Das muss ich gleich dem Alex sagen.«

»Äh, Gerhard, der ist in der Arbeit. Warte bitte noch ein bisserl. Der hat lang genug wegen der Sache gefehlt. Wenn du ihn sofort anrufst, rauscht er postwendend zur Tür raus. Nicht, dass er Ärger bekommt.«

»Okay, um halb fünf. Darf ich dann, Minnie? Du sagst es ihm nicht vorher?«

Toni kichert, und ich bemühe mich um Ernst in meiner Stimme, die auch schon ein bisschen wackelt.

»Nein, Gerhard, ich mische mich nicht ein. Diesmal bin ich nur der Rechercheur, und ihr seid die Ermittler.«

Zumindest so lange, bis den Gustl wieder der Ehrgeiz und die Lust auf einen Fall packen.

»Super, Minnie, danke. Und danke, dass du mich angerufen hast.«

»Gerne, Gerhard, viel Erfolg und sagt mir Bescheid, was sich tut, gell?«

Als Alex abends heimkommt, ist er stocksauer. Er kocht so, dass ich überlege, ihm die Spaghetti erst runterzukühlen, damit er nicht explodiert.

Doch er reißt sie mir gewissermaßen aus der Hand und verschlingst sie in drei Happen. Böse blitzt er mich an.

»Ich mag ja ned, dass du mit dem Gustl ermittelst, Minnie. Aber ich verstehe, warum du es nicht mit dem Gerhard machst. Der Depp hat nicht warten können und bei dem Mädl daheim angerufen. Und was glaubst du, wer nicht mehr zu Hause war, als wir in Ostermünchen angekommen sind? Die Mutter hat keine Ahnung, wo sie abgeblieben ist. Jetzt hat er eine Vermisstenanzeige am Hals, weil er sie gewarnt hat. Warum hast du es mir nicht gesagt, Minnie?«

Ich mache ihm keine Vorwürfe wegen seines Angriffs. Hätte ich ihm vor dem Gerhard Bescheid gegeben, hätten sie das Mädchen erwischt. Trotzdem glaube ich, dass ich nicht falsch gehandelt habe.

Ruhig erwidere ich: »Du bist grad erst wieder in der Arbeit und hattest genug Ärger wegen dem Mädl. Und ich hab zum Gerhard gesagt, er soll dich später anrufen. Dass ich nicht dran gedacht habe, dass ich ihm das Ermitteln ganz verbiete, das tut mir leid.«

Er seufzt. »Entschuldige. Du hast ja recht. Er denkt einfach nicht weiter als bis zu seiner Nasenspitze.«

»Na ja, ich würde sagen so weit, bis der Arm ausgefahren ist und das Telefon erreicht. Deswegen ist mir der Gustl lieber«, zwinkere ich ihm zu, und er muss grinsen. »Das hab ich jetzt auch kapiert.«

»Diese Mariella taucht schon wieder auf. Die ist zwei Nächte bei einer Freundin, dann muss die Mutter Bescheid geben, dass sie zurück daheim ist.«

»Hoffentlich vertraut sie sich nicht dem Falschen an«, meint Alex ein bisschen besorgt. Ich schaue ihn entsetzt an.

»Du denkst, der Sepp würde ihr was antun?«

»Minnie, was ihr alle nicht glauben wollt, ist, dass er nicht nur ein kleiner Betrüger ist. Der macht das im ganz großen Stil, das haben wir schon rausbekommen. Da geht es nicht um eine Anzeige wegen 6000 Euro Schaden, die mangels Beweisen niedergeschlagen werden würde. Es geht um mehrere Hunderttausende. Und viele Fälle und Anzeigen – also um Gefängnis. So einer braucht keine 19-Jährige, die ihn verpetzt, dass sie auf seinen Auftrag hin K.-o.-Tropfen verabreicht hat.«

»Aber du warst für ihn doch keine Gefahr«, wundere ich mich.

»Ich hab ihn nicht aus den Augen gelassen, außerdem mag er mich ebenso wenig wie ich ihn.«

»Wieso eigentlich? Das hat ja schon vor Jahren angefangen, oder?«

Er schweigt und starrt in das Bier, das seine Temperatur endlich wieder auf normal gesenkt hat.

»Alex? Es ging um seine Prahlerei? Oder um den Fußball?«, jetzt bin ich ausgesprochen interessiert.

Er guckt mich an, dann zieht er mich auf den Schoß und schlingt den Arm um mich. Der Blick aus seinen blauen Augen ist unsicher. Sehe ich da ein schlechtes Gewissen?

»Oh oh, Alex. Es geht um ein Mädchen?«, es zwickt in meiner Herzgegend, andererseits überwiegt die Neugier. Und ein bisschen Amüsement, denn es war sicher vor meiner Zeit. Hoffentlich vergeht mir das Lachen nicht.

»Ja, alles zugleich. Er war damals schon ein furchtbarer Angeber. Egal, ob es um Geld, seine Torschussrate oder die Mädels ging. Eines Abends hat er den Fehler gemacht, seine Freundin Viola sitzen zu lassen, weil er eine andere aufgerissen hat. Viola war ziemlich sauer, und ich habe sie heimgebracht und … getröstet. Das war vor sechs Jahren.«

»Okay, mehr muss ich nicht wissen, das Kopfkino reicht«, sage ich entschlossen, denn das Herz sticht noch mehr als zuvor. Was dumm ist, denn Alex und ich waren ja da noch kein Paar.

Doch Alex spricht weiter. »Ich habe mich am nächsten Tag schon über mich geärgert, heimbringen hätte wirklich gereicht. Viola hat es natürlich sofort dem Sepp erzählt, dass sie die Schnauze voll hat und auch andere Männer haben kann. Ich wollte sie aber nie. Das war echt eine super peinliche Situation.«

»Hat sie dir eins auf die Nase gegeben?«, erkundige ich mich jetzt ohne allzu großes Mitleid.

»Nein, hätte ich aber verdient gehabt. Sie hat kurz getobt, dass ich das gleiche Arschloch sei wie er. Dann war sie weg. In Wasserburg hab ich sie seitdem nicht mehr gesehen. Und der Sepp wollte sich prügeln.«

»Hattest du damals auch ein blaues Auge?«

»Nein, zwei Rippen waren angeknackst, der Kerl hat einen Hammerschlag drauf.«

Alex sieht mir an, was ich denke.

»Du glaubst, das habe ich verdient, Minnie?«

»Ja, ehrlich gesagt schon. Du warst ein wilder Kerl früher, oder? Das hab ich nicht so mitbekommen, weil du doch ein paar Jahre älter bist.«

»Jetzt bin ich ja vernünftiger, Minnie«, meint er schmeichelnd und legt seinen Kopf an meinen Busen.

»Nicht, was den Sepp angeht, fürchte ich.«

Dass keine Antwort kommt, macht mich misstrauisch.

»Da gibt es noch eine weitere offene Rechnung?«

»Die einzige offene Rechnung ist die von neulich, Minnie. Aber er wollte sich vor ein paar Jahren revanchieren. Kannst du dich noch erinnern, wo wir ihn mal gemeinsam getroffen haben?«

»Puh, ich glaube auf dem Frühlingsfest, oder?«

»Ja, er hat dich angequatscht, als ich uns Hendl geholt habe.«

»Stimmt, ich stand vor den Autoscootern und hab gewartet, wann Toni aus dem Ding aussteigt, das Basti immer gegen andere Wagen gesteuert hat. Sie war stocksauer. Der Sepp hat sich kurz neben mich gestellt, dann warst du schon da, und wir sind gegangen. Da ist mir nichts Großartiges aufgefallen. Du hast auch nichts gesagt. Hattest du nicht ein Fußballcamp in den nächsten Tagen?«

Sein Schweigen zu deuten, fällt nicht schwer.

»Du hast mich angelogen? Kein Fußballcamp?«

»Ich hab nicht gelogen, ich war auf dem Camp. Was traust du mir eigentlich alles zu?«, fragt er etwas genervt und versucht aufzustehen.

»Oh nein, mein Freund. Sitzengeblieben und raus damit!«

Er macht sich ein wenig steif, dann fängt er an, auf dem Stuhl herumzurutschen.

»Alex!«, sage ich drohend, als er an meinem Hals knabbert.

»Du weißt, wie mich dein Kommandoton anmacht, Minnie-Maus.«

»Wenn du nicht die blaue Farbe um deine Augen aufleben lassen willst, hältst du besser still und machst den Mund auf!«

Alex hat wirklich Nerven, er lacht und umarmt mich so fest, dass mir die Luft wegbleibt.

»Nicht, Minnie. Ich hab damals schon genug Schmerzen deinetwegen ausgestanden. Du bist doch mit der Toni in die Piratenschaukel eingestiegen.«

»Erinnere mich nicht«, schaudere ich bei dem Gedanken, wie furchtbar es mir dort oben ging. »Nie wieder kriegt mich da einer rein!«

»Derweil hat er sich unten neben mich gestellt und hat mir erzählt, wie sehr du ihm gefällst. Und dass er mal guckt, – nachdem ich seine Freundin hatte – ob du dafür vielleicht mit ihm in die Kiste willst.«

Ich richte mich auf und schaue ihn empört an, während er weitererzählt. »Basti hat mich zurückgehalten, und der Sepp ist rechtzeitig verschwunden. Aber als ich in den Bus zum Camp einsteigen wollte, hat man mir erzählt, dass der Sepp nicht mitfährt, weil er sich irgendeine Maus angeln will und ihn der Trainer eh auf dem Kieker hat.«

»Alex, ehrlich, ich hab den Kerl seitdem nie wieder gesehen, also möglicherweise auf der anderen Straßenseite mal, aber nicht näher.«

»Das weiß ich, Minnie. Doch statt in den Bus zu steigen, stand er vor der Wohnung deiner Mutter. Als ich dazukam, hatte er schon geklingelt, weil ich Traudls Stimme in der Gegensprechanlage gehört habe. Bevor er antworten konnte, hab ich ihn gepackt und ums Eck in den Durchgang bei der *Michaelskapelle* gezogen.«

»Und du bist trotzdem ins Camp gefahren?«, frage ich, innerlich zitternd.

»Ja, nachdem ich mir den Kerl vorgeknöpft hatte. Und zwar so, dass er keine Lust mehr auf ein Date mit dir hatte. Dabei hab ich mir die Knöchel ziemlich zugerichtet. Das Camp war dafür super – tagsüber Sport, abends Bier.«

Ich schüttele etwa eine Minute lang den Kopf. So viel Drama, das ich verpasst habe. »Weißt du, Alex, was ich echt beunruhigend finde? Dass du aus dem Prügelalter immer noch nicht raus bist.«

»Ich weiß nicht, warum das vor dem *Galaxy* passiert ist, Minnie. Ich kann mich nicht erinnern.«

»Na ja, er wird schon hingestichelt haben – über Manuels Mutter oder über mich, sodass dir mit dem Alkohol und den Tropfen intus wahrscheinlich die Sicherung durchgebrannt ist. Alex, mir wäre es wirklich recht, wenn du ein bisserl aufpasst – mit dem Alkohol und mit deinem Temperament, Hase.«

Er legt den Kopf wieder an meine Brust und seufzt. Der kleine Rambo-Hase. Ich spüre, ich werde langsam weich, denn er ist ja – seit wir zusammen sind – nie durch Sauferei oder übermäßigen Alkoholkonsum aufgefallen.

»Das werde ich, Minnie. Sonst streicht mich die Traudl aus deinem Leben. Damit hat sie mir gedroht. Da könnten mir auch Jupiter und Venus nicht mehr helfen, falls ich dich und sie noch mal in Verlegenheit bringe!«

Ich muss grinsen. Eine Drohung meiner Mutter macht ihm wahrscheinlich mehr Angst als ein weiteres blaugeschlagenes Häschenauge.

Am nächsten Tag sitzen wir am frühen Abend fest in Decken eingehüllt vor dem *Stechl-Keller* mit Basti und Toni, als der Gustl und ein weiterer Mann zu uns treten.

Sie wollen sich nicht zu uns setzen, aber Gustl stellt seinen Begleiter vor, den Alex schon kennt. Es ist Lothar Wandinger, der Cyber-Kriminologe aus Rosenheim. Der etwa 40-jährige Franke ist ein sympathischer Typ. Man sieht ihm nicht an, dass er die Verbrecher per PC jagt. Er wirkt topfit und gestählt und hat Humor.

Zum Hohenwarter-Fall berichtet er an diesem Ort natürlich nichts, und wir fragen auch nicht, nachdem ja Wasserburgs zweiter Newsticker – neben der Kreuzpointnerin – möglicherweise ein Lauschohr herabgelassen hat. Wie Harry Potter und sein Freund Ron, als sie den Orden des Phoenix belauschen wollten.

»Was haben der Gustl und die Traudl denn eigentlich von ihrem Kurzurlaub erzählt?«, fragt Toni, während wir den beiden Herren nachsehen.

»Schön, tolle Gegend, interessant, erholsam und ein phänomenaler Sternenhimmel«, wiederhole ich die ziemlich identisch lautenden Worte meiner Mutter.

»Also das hat die Traudl gesagt. Und der Gustl? War der Sternenhimmel romantisch? Ist ihm die tolle Gegend auch aufgefallen, oder wusste er mehr über die Traudl? Und hat er sich ebenfalls erholt oder überanstrengt?«, setzt Toni nach, und die Männer lachen. Ich strecke meine Hände abwehrend nach oben und flüstere böse: »Bist du wahnsinnig, Toni? Was du hier redest, weiß sie in zwei Minuten! Das heißt, sie ist in drei Minuten da.«

Toni schaut unsicher über die Schulter, und die Männer lachen wieder.

»Alex, ich glaube, du solltest nach Traudls letzter Drohung ernster sein«, rate ich meinem Freund. Das Lachen verstummt wie mit einem Schlachtermesser geköpft.

»Meinst du nicht, du bist etwas paranoid, Minnie?«, fragt Basti sanft. Ich schüttele den Kopf.

»Ich erlebe es oft genug, dass bei mir drüben was passiert und sie zwei Minuten später anruft.«

»Weil ihre Späherin über dem *Stechl-Keller* wohnt. Aber Margarethe sieht nicht hierher«, ist Bastis Folgerung.

Misstrauisch schauen wir alle nach oben, wo eine ältere Dame aus dem Fenster hängt und zu uns herunter winkt.

»Was sag ich denn?«, meine ich befriedigt über den Beweis meiner Worte. Toni ist ein bisschen blass um die Nase. Basti grinst und schaut auf die Uhr. »Drei Minuten sind um, Schatz, sie hat es nicht gehört.«

Um Toni wieder zu beruhigen, erzähle ich von meinem Lauschohr-Gedanken, und Sekunden später biegen wir uns vor Lachen bei der Vorstellung, wie Margarethe das verlängerte Ohr am Faden herunterlässt. Und als George auftaucht, schaut uns der arme Hund verwirrt an, als Toni und ich prustend über dem Tisch zusammenbrechen. Denn im Buch erscheint Hermines Kater, fängt das Ohr und beraubt die Jungs ihrer Abhörfunktion. Verzeihung, den Witz an der Situation verstehen wahrscheinlich nur Harry-Potter-Fans, zu denen ich eindeutig zähle.

Entsetzen im Maisfeld

Es ist Samstag und damit Alpaka-Hoffest-Tag. Die Stände sind schon gestern aufgebaut worden, und das Annamirl ist mit ihren Kunstwerken losgefahren, um dem Stand zu seinem Glanz zu verhelfen.

Alex fährt den Patiententransportwagen, den Basti organisiert hat.

Als wir vor dem Seniorenheim ankommen, stehen die Herrschaften bereit. Sie sind aufgeregt und reden durcheinander, bis auf Herrn Breitschneider, der lieb vor sich hin lächelt.

Noch mit an Bord sind zwei Freundinnen der Kati-Oma, Frau Marzinger und Frau Bauer, sowie die eben erst ins Seniorenheim gezogene Frau Weitner, die sehr schüchtern wirkt. Und als Highlight, das mir schon beim Einsteigen der Herrschaften Schweißperlen auf die Stirn zaubert – Frau Hofberger, die Erzfeindin der Kati-Oma. Frau Hofberger buhlt nämlich auch um den – trotz Demenz – noch recht schmucken Herrn Breitschneider. Sie liebt es, die Kati-Oma zu unterbrechen, als einfältig hinzustellen, ihre Kleidung zu kritisieren und Ähnliches. Also auf gut bairisch: eine

Mistpritschn. Es war nicht ausgemacht, dass sie mitfährt, weshalb auch der Heimleiter unter meinem bösen Blick zusammenzuckt.

»Wir wollten einen schönen Ausflug machen, bei dem die Damen Spaß haben. Kein Kriegsszenario unter die Alpakas bringen«, zische ich ihm zu, während Alex die Kriegsparteien festzurrt.

Herr Posselt hebt ein wenig hilflos wirkend die Schultern.

»Tut mir leid, Minnie. Die als Mitfahrerin geplante Dame ist krank geworden, und Frau Hofberger stand daneben, als mir das mitgeteilt wurde. Da konnte ich nicht aus.«

»Am liebsten hätte ich jetzt ein Formular, das mich von jeder Schuld freispricht, sollte es zu einem Unglück kommen!«, erwidere ich giftig.

»Ach Minnie, so schlimm wird es schon nicht werden. Du hast die Damen doch immer im Griff«, versucht er es mit Schmeicheln, aber ich freue mich, dass auch er offensichtlich zu schwitzen beginnt.

»Ich hab keine Schuld!«, hebe ich nur den Finger und schwinge mich auf den Beifahrersitz, während Herr Posselt schnell ins Haus flüchtet.

Alex schaut grinsend zu mir herüber.

»Kaum zu glauben, die tapfere Minnie-Maus fürchtet sich vor zwei alten Damen.«

»Warte es ab, Alex. Es gilt, einen Unfall oder Mord zu verhindern.«

Sein schallendes Gelächter vertreibt mein ungutes Gefühl nicht, mit dem ich leider recht behalten sollte.

Nach knappen 15 Minuten biegen wir in die Straße zum Hof ein. Die Wiesenränder sind bereits mit Autos zugeparkt, aber Alex fährt uns vor die Hofeinfahrt, hilft beim Aussteigen und stellt den Wagen dann am Ende der

Reihe ab. Währenddessen knöpfe ich Jacken zu, setze vorsichtig schicke Hüte auf frisch entwickelte Locken, lege Herrn Breitschneider seinen Schal um, weil der schon recht einseitig in Richtung Boden unterwegs war.

Es wimmelt vor Menschen auf dem Hof zwischen den Holzständen. Basti und Toni kommen auf mich zu. Sie werden Alex und mich unterstützen. Zu viert sollten wir doch eine Chance haben, sechs ältere Herrschaften wieder heil heimzubringen. Toni zuckt zusammen, als sie die Hofbergerin bemerkt und hebt fragend die Augenbrauen.

»Ich weiß, hatte keine Möglichkeit abzulehnen«, beantworte ich ihre unausgesprochene Frage und winke fröhlich zum Annamirl hinüber, die mit ihrem bunt gestrickten Schal wie eine Leuchtreklame im Stand wirkt. Annamirl winkt zurück, ist aber sonst mit ihren Kunden beschäftigt.

»Wir spazieren zuerst zu den Alpakas hinunter, dann gehen wir durch die Stände, und anschließend gibt es Kaffee und Kuchen, meine Lieben«, gebe ich das Programm vor.

»Und wenn ich gerne zuerst einen Kaffee hätte?«, kommt es von der Hofbergerin, die natürlich Einspruch erhebt, weil es die Kati-Oma nicht tut.

»Dann rufe ich den Herrn Posselt an, dass er Sie abholt, Frau Hofberger, denn das ist ein Gruppenausflug unter meiner Leitung. Und Sie hatten doch gerade erst Ihren Espresso nach dem Mittagessen, oder?«

Die Hofbergerin schweigt, die Kati-Oma grinst, hält aber den Mund, nachdem ihre Enkelin Toni mahnend den Finger erhoben hat.

Wir spazieren hinunter zu den Weiden. Am Holzzaun drängeln sich Kinder mit ihren Eltern und streicheln die Flauschkamele.

Ich halte mich mit meiner Gruppe etwas fern. Max hat uns zwei Bänke an die andere Koppelseite gestellt. Da können die Herrschaften Platz nehmen und schauen oder aufstehen und streicheln, wie gewünscht. Und ich kann sie im Auge behalten.

Das Entzücken über die putzig aussehenden Tiere ist groß. Wann kommt man schon einmal so nah an diese Andenbewohner heran?

Ihr Besitzer und Pfleger, der auch Therapiestunden mit den Tieren abhält – ja, das gibt es nicht nur bei Hunden – erzählt allerlei Interessantes.

Ich bin, was Tiere angeht, wirklich kein ängstlicher Mensch – nur eben vorsichtig. Und ich will keine Ladung heraufgewürgten Mageninhalt ins Gesicht bekommen. Spucken tun Alpakas, wie Lamas, nämlich ab und zu. Allerdings nur, wenn sie voneinander gestresst sind, also bei Rang- oder Futterstreitigkeiten.

Ihre weiche und strapazierfähige Wolle wird beispielsweise zu Socken verarbeitet. Auf Spaziergängen mit ihnen kann man entschleunigen, denn sie rennen nicht gerne. Im Ferienprogramm oder wie heute bei diesem Hoffest freuen sich die Kinder über den Kontakt zu den Tieren.

Manch einer könnte neidisch werden, denn die Alpakas hier grasen auf einer Weide mit phänomenalem Bergblick. Für mich haben sie einen ungewohnten Körperbau: ein langer Hals, dünne Beine auf zierlichen Hufen und ein hübscher Kopf mit großen meist dunklen Augen.

Eine halbe Stunde später machen wir uns auf den Rückweg und wandern durch die Verkaufsstände.

Überall sausen geschminkte Kinder über den Hof – nix schwarz-rot-düster, sondern mit den Gesichtern von Katzen, Käfern und Prinzessinnen.

Sogar die großen Brüder der Alpakas sind da: Es gibt Kamelreiten im Angebot.

Ein Holzkünstler »schnitzt« aus einem Baumstamm ein Alpaka.

Duft vom Hendlwagen zieht zu uns herüber, ebenso das Gekreische tobender Dreikäsehochs auf der Hüpfburg, die zwar nicht wie ein Alpaka gebaut ist, aber als Giraffe genauso gefeiert wird.

Und unten auf der Wiese grasen die Alpakas und schauen ab und zu kauend zum Tumult, der zu ihren Ehren abgehalten wird, herauf. Einige sind im Stall geblieben und werden ausgiebig, aber immer unter Aufsicht, gestreichelt.

Alex und ich schauen eine Zeitlang zu, wie anders die Tiere wirken als die mir bekannten Pferde. Obwohl kleiner und zierlicher, haben sie trotzdem ein ausgeprägtes Imponiergehabe.

In der leergeräumten Scheune spielen zwei Musiker Ziach und Hackbrett, ein Mäderl-Dreigesang präsentiert Volksmusik, und es wird eifrig geklatscht. Es geht zwar um Andenkamele, aber die Stimmung ist sehr bayerisch.

Die Seniorenheim-Bewohner stehen an den Ständen, und wir vier versuchen, keinen aus den Augen zu verlieren.

Eine Stimme höre ich deutlich heraus: die der Kati-Oma.

Sie diskutiert über den Preis einer Flasche Aloe Vera-Lotion. »18 Euro, seid's narrisch? Das ist der Saft von einer Pflanze, die eh keiner braucht.«

Ich muss grinsen, denn die Kati-Oma lässt sich nichts aufschwatzen, was nicht ihr Hausarzt, den sie heimlich liebt, verschreibt. Obwohl er fünfzig Jahre zu jung für sie ist, ist er ein ernsthafter Konkurrent für Herrn Breitschneider.

Persönlich finde ich Aloe Vera ja sehr angenehm, als Creme oder als Hitzesalbe bei Rückenschmerzen. Aber ich bin auch ein Weichei, wie die Kati-Oma behauptet. Aufs Feld solle ich gehen und Heu auf den Ladewagen schaufeln, da würde mir das Kreuzweh schon vergehen, das ich durch das Gebuckel beim Töpfern und am Computer bekomme. Da mag sie recht haben, aber im heutigen Bayern – außer auf Almwiesen – wird das Heu eben von riesigen Maschinen aufgesammelt und nicht mehr von Menschen.

Toni reißt mit einer Entschuldigung die Oma vom Stand los, wohingegen ich mir eine Aloe Vera-Flasche besorge.

Endlich ist ausreichend geshoppt, und die Damen und Herr Breitschneider sind bereit für Kaffee und Kuchen, was Regina an den Tisch bringt.

Toni und ich haben eine zuckerarme Vorauswahl getroffen, doch es bleiben genug Varianten, damit alle das Gefühl haben, auswählen zu können. Unter dem bösen Blick der Kati-Oma packe ich meine Lotion in meine Tasche. Sie schweigt, aber der Kiefer mahlt, wahrscheinlich lockern sich gerade die dritten Zähne. Und ich werde es irgendwann büßen müssen. Oder ich habe Glück, und sie vergisst mein Vergehen.

»Wenn du und Alex mal durchschauen wollt, Minnie, Basti und ich bleiben hier. Wir haben das vorher schon gemacht. Apropos, bei Annamirl steht ein blaues Alpaka mit weißen Wolken und einem orangefarbenen Schal. Falls das übrigbleibt – was ich nicht glaube – nehme ich es. Falls nicht, kannst du mir auch so eins machen? Das ist zuckersüß.«

»Ja, freilich, Toni.«

Basti wirft die Arme nach oben. »Noch ein Trumm mehr auf der Fensterbank, das ich abräumen muss, wenn ich lüfte. Mei Minnie, deine Viecherl sind echt nett, aber dauernd im Weg bei uns.«

»Bau ihr halt ein hübsches Regalbrett an die Wand, wo sie Deko draufstellen kann. Eine Frau braucht das.«

»Du meinst, indem ich Schrauben an die Wand bohre?«

Der typische Witz, bei dem sich unsere Männer kaputtlachen. Toni und ich können wirklich mit Werkzeug umgehen. Leider hat sie sich ein einziges Mal falsch ausgedrückt, als sie etwas an die Wand »bohren« wollte, seitdem ist das der Running Gag bei Basti und Alex.

»Wenn wir beide immer über den gleichen Witz lachen würden, seit Jahren, fänden sie das dann auch lustig? Oder würden sie uns als einfach gestrickt und wenig einfallsreich abtun?«, überlege ich laut.

Toni grinst. »Letzteres! Aber bei Frauen liegt die Messlatte höher, also sieh es ihnen nach. Männer brauchen das Gefühl, den Witz zu kennen. Neues macht ihnen Angst.«

»Oder sie können es sich nicht merken«, füge ich hinzu, denn Alex' schlechtes Namens- und Sprüchegedächtnis ist legendär im Freundeskreis. Wenn er sich nicht konzentriert, bringt mein Hochschulabsolvent einen Mix aus schlauen Sprüchen, der Anwesenden einen schmerzhaften Lachkrampf beschert.

»Ich bin nicht der Typ, der sein Terrarium absteckt« ist nur einer davon. Topp finde ich auch »Ich höre lieber auf, sonst kriege ich wieder den Deckel auf den Kopf« oder »Kann sein, dass du mal was Abschüssiges hörst!«.

Das Gefrotzel hat nun ein Ende, und mein Schatz und ich spazieren über die gepflasterten Wege. Bei einer bunt gestrickten Mütze vom Annamirl kann ich nicht widerstehen, die brauche ich in diesem Winter. Von den getöpferten Alpakas sind nur noch wenige da, die Wolpertinger wie immer ausverkauft. Tonis Wunschtier ist leider schon weg, dann bekommt sie eben demnächst ein spezielles Toni-Alpaka von mir.

Am Ende des Hofareals sehe ich ein Paar stehen, bei dem ich unwillkürlich stutze. Woher kenne ich den Mann nur? Eine düstere Aura umgibt ihn. Ja, lacht nur! Doch ich erkenne sie ganz genau. Könnte es Raven inkognito – also ungeschminkt – sein? Und wenn, was macht er hier – unter Alpakas und ohne Belle?

»Alex, ist das Raven?«

Mein Freund schaut hinüber. »Hm, könnte sein, aber sicher bin ich mir nicht. Da müsste ich näher dran sein. Und wer ist sie dann? Belle auf jeden Fall nicht.«

Die Frau ist sicher über 30 Jahre alt. Sie trägt eine Leopardenleggins, ein Halstuch im gleichen Design und ein schwarzes enges Top, darüber eine goldene hüftlange Jacke und High Heels – auf einem Alpaka-Hoffest! Na ja, die Geschmäcker sind verschieden. Der Mann redet auf sie ein, sie schüttelt den Kopf – mehrmals, bis beide um die Hausecke verschwinden.

Die Frau sehen wir gleich darauf wieder, als Hias mit ihr an unseren Tisch kommt. Und sie als seine Verlobte Rita vorstellt. Jetzt versteh ich Max' Aussage »krachert, aber ned schiach«. Rita ist etwas füllig, was ihr gut steht. Die Leggins würde ich halt nur daheim anziehen. Der Vorbau gefällt dem Hias sicher auch gut. Die schulterlangen Haare sind im Auberginetón gefärbt, mit roten Strähnen. Sie hat schöne braune Augen unter ausladenden Wimpern »Marke zampappt«. Ihr Blick bleibt einen Tick länger an mir und Toni hängen als an den anderen Anwesenden, und noch länger an Basti und Alex.

Als sie uns begrüßt, tut sie dies mit einer erstaunlich leisen Stimme, die recht hell klingt für ihren Typ.

»Wann ist es dann bei euch so weit mit der Heirat, wenn ihr schon verlobt seid? Oder ist das die Art Verlobung ›Festhalten und weitersuchen?‹«, fragt die Kati-Oma direkt, wie es ihre Art ist.

»Kati-Oma, sei ned unverschämt!«, raunt ihr Toni deutlich hörbar zu.

Der Hias, der den Arm um Rita gelegt hat, zieht sie an sich und gibt ihr einen lauten Schmatz auf den Mund.

»Nix da weitersuchen. Ich hab meinen Schatz gefunden, und wir sind schon am Planen. Sobald ein Datum feststeht, erfahrt ihr es. Wir würden uns freuen, wenn ihr dabei seid, Minnie.«

»Sehr gern, Hias. Viel Spaß beim Planen.«

Rita sieht den Hias an, und ich kaufe ihr ab, dass sie ihn sehr mag, obwohl sie Alex und Basti so gemustert hat.

»Und ich habe meinen Schatz gefunden. Hias ist wunderbar, der Mann, nach dem ich lange gesucht habe.«

»Ihr habt euch über ein Datingportal kennengelernt, gell?«, frage ich neugierig. Sie nickt lächelnd. Rita wirkt nett, trotz des äußeren Zuviels.

»Ja, unglaublich, nicht wahr? Wir haben einfach beide eingegeben, was uns wichtig sind, waren im gleichen Umkreis eingeloggt und – trara.«

»Ja, das ist nicht die schlechteste Möglichkeit, den passenden Partner zu finden«, stimmt Basti zu.

»Sofern jeder die Wahrheit angibt.« Alex ist da misstrauischer.

»Und das haben wir, nicht wahr, Herzerl?«, lacht der Hias, und Rita bestätigt es. Ich wünsche ihm so sehr, dass es für ihn klappt. Und trotzdem habe ich ein kleines ungutes Gefühl: Was hat Rita mit Raven zu tun? Falls er es war? Vor Hias will ich sie auf keinen Fall auf einen anderen Mann ansprechen. Doch das hätte ich besser tun sollen!

Die beiden schlendern weiter, und unsere Ausflugstouristen mit den modernen Frisuren und Hüten fangen an, sich über Ritas Klamotten zu empören. Derweil stupst mich die Kati-Oma an.

»Auf jeden Fall sieht sie heut fröhlicher aus als neulich.«

Ich schaue sie erstaunt an. »Du kennst Rita?«

»Du auch, Minnie. Die war neulich in eurem neuen Laden, in Schwarz.«

»Echt? Ich kann mich ned erinnern.«

»Das war die mit der schrillen Stimme und dem Sprachfehler. Heut hat sie ganz leise gesprochen, wahrscheinlich, damit wir sie nicht erkennen, aber das Gelispel hab ich gleich gehört.«

Na toll, ich auch diesmal nicht. Im Gegensatz zu den Luchsohren der Kati-Oma. Trotzdem kann ich es mir fast nicht vorstellen. Oder doch? Das würde ihre Diskussion mit Raven erklären.

Ich muss Hias mal fragen, ob sie an dem Abend der »Musik der Nacht«, weg war.

Bis dahin gilt trotz des Riechers der Kati-Oma und meiner Unsicherheit von wegen schlechtem Gehör die Unschuldsvermutung. Ist sie schuldig, dann knöpfe ich sie mir vor – für den Hias!

»Auf jeden Fall eine seltsame Amsel«, meint Toni nachdenklich, die unser Gespräch mitbekommen hat.

Herrn Breitschneider fallen mittlerweile zum dritten Mal die Augendeckel runter.

»Ich glaube, es ist Zeit zurückzufahren«, meine ich zu Alex, der nickt und sich auf den Weg macht, den Bus zu holen.

In dem Moment kommt der Hias vorbei und fragt uns, ob wir seine Rita gesehen haben, was wir verneinen.

Er sieht so glücklich aus.

»Wie gefällt sie euch, meine Rita?«, fragt er freudestrahlend.

»Sie wirkt sehr aufgeschlossen und nett«, sage ich wahrheitsgemäß. Toni hat die Kati-Oma an der Hand, und ich weiß, sie zwickt sie notfalls, falls wieder eine unhöfliche Bemerkung angedacht ist. Die Oma ahnt es und schweigt klugerweise.

»Ja, das ist sie. Sie ratscht mit jedem gern. Und der Max und die Regina mögen sie auch. Das ist mir wichtig.«

»Wie geht es mit deiner Mama?«, erkundige ich mich nach dem Knackpunkt einer jeden Beziehung von Hias. Er winkt lässig ab.

»Kein Problem. Die Rita mischt sich nicht ins Kochen ein und hilft lieber mir. Solange die Mama das Kommando über den Kochlöffel behalten kann, passt es, und Rita isst gern, was sie kocht.«

Ja, das haben wir schon vermutet.

»Hias, wir fahren jetzt, unsere Ausflügler werden müde und Alex holt gerade das Auto. Aber lass uns doch mal zusammen ein Eis essen gehen, wenn ihr in Wasserburg seid.«

»Ja, das mach ma, Minnie. Bis dann.«

Er geht weiter, von Gruppe zu Gruppe, und fragt nach seiner Verlobten. Hoffentlich ist die nicht mit Raven im Heulager gelandet. Das täte mir vor allem für den Hias leid. Belle wäre meiner Ansicht nach ohne den Raben besser dran. Gerade als Toni, Basti und ich unsere kleine »Seniorenherde« zur Hofeinfahrt getrieben haben, ist Alex da und hilft beim Einsteigen.

Eine halbe Stunde später haben wir sechs erschöpfte, aber glückliche Menschen sicher und ohne Schrammen und Kampfspuren abgeliefert.

Rita geht mir nicht aus dem Kopf.

Ich frage über den Handychat bei Max nach, ob er weiß, ob sie aufgetaucht ist. Doch der hat nicht mal mitbekommen, dass Hias nach ihr gesucht hat.

»Dann wird sie schon wieder da sein«, meint Alex folgerichtig, und wir machen uns einen schönen Abend vor dem Fernseher. Es ist Krimizeit mit dem starken Team aus Berlin. Ich liebe das »Sach mal!« des empörten Otto und das Berlinerisch von »Sputnik«, dem Allroundtalent, das sich in jeder Folge der Serie mit Begeisterung einem neuen Beruf verschrieben hat.

Gleich am nächsten Morgen schreibt mir Max, dass Rita immer noch vermisst wird und Hias vor dem Durchdrehen ist. Ich lasse mir seine Nummer geben und rufe ihn an.

»Ich hab es eben von Max gehört, Hias. Kann ich helfen?«

»Wir suchen gerade alles ab, aber die Polizei meint, ich kenne sie erst so kurz. Vielleicht hat es ihr doch ned bei mir gefallen, und sie ist wieder weggefahren. Nein, Minnie, das kann ich ned glauben. Dann hätte sie mir doch wenigstens eine Nachricht hinterlassen, oder?«

»Wahrscheinlich. Und sie hat gestern echt einen glücklichen Eindruck gemacht. Sollen wir beim Suchen helfen?«

»Wenn du magst, sehr gern. Du könntest mit der Vespa ein bisserl die Wiesenwege abfahren.«

»Mach ich, Hias. Wir kommen bald dazu.«

Alex seufzt, isst jedoch seine Semmel zügiger. Als ich ihm sage, dass wir mit der Vespa fahren, strahlt er. Er sitzt gerne hinten drauf und nutzt es aus, dass ich beide Hände am Lenker haben muss. Das Gas ist nämlich gleich weg, wenn ich rechts den Drehgriff loslasse. Und links wird geschaltet. Wiesenwege hasse ich mit meinem Roller eigentlich, das Geholper auf nicht gefederten kleinen Rädern macht mir keinen Spaß.

Aber wofür hat man Freunde? Dann tut mir der Hintern eben heute Abend ein bisschen weh.

Wir ziehen uns motorradtauglich an – das ist auch bei einem 80er-Roller sinnvoll – und laufen die Treppe hinunter.

An der Tür stoßen wir beinahe mit Raven und Belle zusammen, die ebenfalls nach draußen wollen.

»Sonnenstrahlen vor dem Winter tanken schadet nicht«, erklärt uns Ravens dunkle Stimme. Wissen die beiden eigentlich, dass Sonne der Leichenblässe sehr wohl schaden könnte? Ich unterdrücke ein Grinsen, das mir vergeht, als uns Belle nur kurz zunickt und dann den Kopf senkt. Was macht der Kerl mit ihr, dass sie so unterwürfig ist?

Ich spüre, dass ich wütend werde, und finde, es ist genau die richtige Gelegenheit, den Mann zu ärgern oder in Verlegenheit zu bringen.

»Ja, und die frische Luft ist auch nicht schädlich. Du hast ja gestern auf dem Alpakahof schon etwas davon geschnuppert, Raven. Ich hätte dich gar nicht als Wollliebhaber eingestuft mit dem ganzen schwarzen Leder, das du so trägst. Woher kennst du denn die Rita?«

Alex schaut mich entsetzt an. Gut, das war derb-direkt, quasi Kati-Oma-Stil, doch der Typ regt mich auf!

Raven wirkt völlig unbeeindruckt. Zu dumm, man kann leider wenig Mimik erkennen unter dieser weißen Schicht.

»Ich fürchte, du verwechselt mich, Minnie. Ich war bis auf einen kurzen Einkauf immer hier bei Belle. Und eine Rita sagt mir nichts.«

Belle blickt ihn neugierig an. Aber offensichtlich hat er ihr gegenüber das Gleiche angegeben. Es muss ja nicht stimmen. Oder es stimmt, und es sieht ihm auf die Entfernung von dreißig Metern ein Mann im ungeschminkten Zustand – den ich ja nicht mal kenne – ähnlich. Das ist auch nicht unwahrscheinlich.

»Dann hab ich mich wohl getäuscht. Also schnuppert jetzt schön – viel Spaß.«

Entschuldigen werde ich mich bei dem sicher nicht. Alex will mich wohl gerade darauf ansprechen, während wir dem Pärchen hinterhersehen, das Richtung Gries-Parkplatz spaziert, doch das Erscheinen von Gustl rettet mich.

»Seit wann steht ihr denn so früh auf? Ich hab mich gar nicht klingeln getraut.«

Ah, da wollte jemand an unserem Sonntagsfrühstück teilnehmen. So gerne Alex den Gustl mag – das hat er dick. Er will mit mir kuscheln am Sonntagmorgen und in Ruhe frühstücken. Nur mit mir.

»Wir fahren zum Hias und helfen, seine Verlobte zu suchen. Die ist gestern auf dem Alpakafest verschwunden. Und die Polizei will nicht tätig werden, weil sich die beiden noch nicht lange kennen.«

»Ich könnt ja mitfahren und mir die Gegebenheiten anschauen.«

»Und wenn nötig, die Kollegen bitten, doch was zu unternehmen?«, frage ich breit lächelnd, und er nickt.

»Super, Gustl, bloß müsstest du selbst anreisen, weil wir mit der Vespa die Wiesenwege abfahren sollen.«

»Kein Problem, ich komme nach. Ich muss nur erst frühstücken.«

Er überquert die Straße und verschwindet in Richtung *Schranne*. Da wird er auch ohne Reservierung schon ein Platzerl finden. Es ist ja immerhin der Gustl, der größte Verehrer der Wasserburger Cafés.

Wir verbringen den restlichen Vormittag damit, durch die Maisfelder zu hoppeln – unterstützt von Bulldog-, Rad- und Autofahrern – denn der Hias hat viele Freunde. Wir begegnen Feldhasen und Rehen, die entsetzt entwischen. Und nach etwa zwei Stunden holterdiepolter ist jede Aufregung und Romantik verschwunden, der Hintern tut einfach zu weh. Eine Vespa ist eben keine Goldwing mit Wohnzimmersessel-Qualität.

Der Gustl hat die Kollegen überzeugen können, nach Ritas Auto zu fahnden.

Die haben keinen Erfolg, weil einer der Feuerwehrspezln vom Hias es dort findet, wo die Polizei nicht sucht: zwischen den Maisfeldern, jedoch ganze zwei Dörfer entfernt. Er war bereits auf dem Heimweg zum Mittagstisch, weil dieses Gebiet gar nicht in Frage gekommen wäre. Wir können ja nicht alle Felder von Wasserburg bis Rosenheim durchsuchen.

Nun versammeln wir uns mit einem leichenblassen Hias am Rand der umliegenden Felder und teilen das Areal sinnvoll ein. Sie muss hier sein, denn wie soll das Auto dahingekommen sein, wenn nicht mit ihr.

Die andere Variante wäre eine Entführung, aber den Gedanken schieben wir erst einmal nach hinten.

Der Schlüssel steckt, als wäre sie kurz mal für ein Bedürfnis im Feld verschwunden. Was keinen Sinn macht, weil der Hof vom Hias nur fünf Minuten mit dem Auto entfernt ist.

Gerade als wir beginnen wollen, steuern riesige Erntemaschinen auf uns zu. Hier gibt es viele Maisfelder, die auch heute am Sonntag abgeerntet werden. Ein Monsterbulldog schneidet die Maispflanzen ab und spuckt das Gehäckselte schräg hinter sich aus. Das wird von einem ebenso riesigen Bulldog, der auf der Nebenspur fährt, im entsprechend dimensionierten Anhänger aufgefangen. Ist der fast voll, steht schon der nächste parat und übernimmt im fliegenden Wechsel. Keine Sekunde soll verloren werden, weil diese Maschinen, die meist einer Leihfirma gehören, vermutlich nicht billig sind.

»Wenn sie irgendwo da drin liegt und die überfahren sie!« Hias ist kasweiß.

Das einzige, was an diesem Bild fraglich ist, ist, warum sie im Maisfeld sein sollte. Aber das Überfahren ist realistisch. Da hat es in vielen Jahren die Rehkitze erwischt, weil die nicht fliehen, sondern sich naturgemäß stillhalten und verstecken, wenn der Lärm losgeht.

Alex lässt seine Kontakte spielen und bittet einen Spezl vom Bund Naturschutz mit seiner Drohne zu kommen, derweil der Hias die Bulldogfahrer über die Situation informiert und um Geduld anfleht.

In den nächsten Stunden durchstreifen wir Felder, während die Drohne weitere Areale übernimmt. Zuerst ist das Feld dran, auf dem mittlerweile die Fahrer der Erntemaschinen nervös auf die Uhr schauen.

Dann läuft es mir kalt den Rücken hinunter, als ich aus einer durchsuchten Spur auftauche und den Gustl, Alex und den Drohnenpiloten zusammenstehen sehe. Sie haben etwas im gegenüberliegenden Maisfeld entdeckt.

Alex gibt mir Zeichen – ich soll den Hias ablenken. Ich gucke kurz auf mein Handy – es ist bereits vier Uhr – und spaziere hinüber. Er steht immer noch neben Ritas Wagen und schaut fix und fertig aus.

»Hey, wie geht es dir?«

»Furchtbar, Minnie. Die Ungewissheit macht mich narrisch. Ich glaub einfach nicht, dass sie abgehauen ist.«

»Ich auch nicht, Hias. Vielleicht ist sie spazieren gegangen und hat sich verletzt? Wir finden sie schon.«

Die Ungereimtheit ist mir klar und fällt ihm trotz seiner Angst ebenfalls auf.

»Warum ruft sie dann nicht mit dem Handy an?«

Ablenken, Minnie! Hoffnung geben, solange nichts gegeben ist, das diese sinnlos macht.

»Ich hab oft einen Traum, dass ich in Gefahr bin und mein Handy entweder kein Netz hat oder ich aus irgendeinem Grund die Tasten nicht drücken kann. Es kann alles Mögliche sein, Hias.«

Er schüttelt den Kopf. »Ein Traum, Minnie! Aber das ist wirklich. Irgendwie soll es ned sein, dass ich glücklich bin, oder?«

Na ja, eigentlich war er ja bisher glücklich – als Single mit Freundinnen mit gewissen Vorzügen. Jetzt ist er halt das erste Mal verliebt. Das ist eine andere Hausnummer, deswegen schweige ich lieber.

Wir hören die Stimme vom Gustl, der eben telefoniert. Nun kommt er zu uns herüber – langsam und mit einem Gesichtsausdruck, der mir genau sagt, was los ist. Wir ermitteln schon lange genug miteinander. Gustl nickt mir zu.

Meine Haare auf den Armen stellen sich auf, und ich nehme die Hand vom Hias.

Der schaut mich erstaunt an, dann den Gustl. Sagen kann er nichts, die Panik steht ihm mit einem Mal ins Gesicht geschrieben.

»Wir haben sie gefunden, Hias. Es tut mir leid. Sie ist tot.«

Er schüttelt den Kopf – heftig! »Das kann nicht sein, Gustl. Darf nicht sein! Wo ist sie?«

»Bleib hier, Hias. Die Polizei ist verständigt. Sie müssen die Spuren sichern.«

Also ist sie nicht an einem Herzinfarkt gestorben. Aber das trau ich mich nicht zu sagen. Hias fragt mit wackliger Stimme nach. »Woran ist sie gestorben?«

»Ich bin kein Arzt, Hias …«

»Aber ein Kriminaler. Du weißt, was los ist, oder?«

Nun überwiegt der Zorn Panik und Schock. Das ist gut, das tut nicht so weh. Doch sobald er es akzeptiert hat, kommt die Trauer. Und die macht aus einem Herzen ganz rasch einen Trümmerhaufen. Er tut mir unglaublich leid.

»Es sieht nicht nach einem natürlichen Tod aus, fürchte ich«, sagte Gustl ruhig.

»Jemand hat sie umgebracht? Vielleicht auch noch vergewaltigt?«

»Nein, das glaube ich nicht. Sie ist vollständig angezogen.«

Das ist trotz allem gut zu wissen. Was mir allerdings zu denken gibt, ist, dass Gustl nicht mit der Todesursache herausrückt. Also wird es wohl kein schneller Tod gewesen sein.

Sirenen nähern sich und wecken Hias aus seiner Fassungslosigkeit. Er reißt sich von mir los und rennt ins Maisfeld.

Gustl zuckt zusammen.

»Folg ihm, Minnie. Er darf nicht die Umgebung für die Spurensicherung versauen. Ich komme gleich mit den Kollegen nach.«

Ich sprinte hinterher, und hole Hias aber erst ein, als er vor der Leiche seiner Verlobten bremst.

Wir beide sehen sofort, warum Gustl nichts von der Todesursache gesagt hat: Sie ist eindeutig erwürgt worden. Der Hals ist voller roter und blauer Male. Ein Halstuch mit Leopardenmuster liegt neben ihr – vermutlich die Tatwaffe.

Alex hält Hias mit Mühe davon ab, sich neben Rita zu werfen. Ich packe wieder seine Hand.

»Hias, wir müssen aufpassen, dass wir keine Spuren kaputtmachen. Komm, lass uns zurückgehen.«

Er steht da, ich spüre seine Hand in meiner zittern. Tränen laufen ihm über die Wangen, und er beginnt zu schluchzen. Ich gebe ihm einen Moment. Die Kraft, ihn wegzuzerren habe ich sowieso nicht. Vermutlich nicht einmal mit Alex' Hilfe, denn Hias ist ein kerniger Mann.

Dann vernehmen wir Stimmen, die sich nähern: die Polizei.

»Hias, lass uns gehen, sonst kriegen wir gleich Ärger. Die Polizei muss das Gebiet absichern, bis die SpuSi da ist. Du siehst Rita nachher noch mal.«

Er lässt sich hinter mir herziehen. Ich höre noch, wie Alex ein paar Worte zu den Beamten sagt, die in der parallelen Maisspur an uns vorübergelaufen sind. Als wir aus dem Feld auftauchen, ist Alex bereits an unserer Seite.

Der ebenso geschockte Max legt seinen Arm um den Freund. »Mei, Hias, das tut mir so leid. Komm, wir fahren zu uns auf den Hof. Bleibst heut bei uns.«

Ich weiß nicht, ob ich mich schon mal so hilflos gefühlt habe, als wir beobachten müssen, wie der Hias in den SUV vom Max steigt und davonfährt. So etwas versteht man unter einem gebrochenen Mann: Den Kopf gesenkt und weinend wirkt er schwach trotz seiner Statur.

Ich schaue unglücklich ins Gesicht meines Freundes, der mich in die Arme nimmt. Nun weine auch ich ein bisschen: Um Rita, obwohl ich sie noch nicht wirklich kannte. Aber vor allem um Hias, dem ich sein Glück so sehr vergönnt hätte. Und in diesem Moment weiß ich, dass der Gustl und ich tätig werden müssen.

Als ich Alex anschaue, seufzt der und meint: »Schon klar, Minnie. Ich sehe genau, was dir durch den Kopf geht. Bitte lass uns immer vorher darüber sprechen, was du vorhast. Bitte! Ich will nicht, dass es mir wie dem Hias geht.«

Ich nicke, und Gustl, der plötzlich neben uns steht, erkundigt sich gespannt: »Hast du eine Idee, Minnie?«

»Ich glaube Raven nicht, dass ich ihn gestern verwechselt habe, wie er behauptet hat. Vielleicht wollte er es vor Belle nicht zugeben. Wir fragen ihn noch mal, ob er auf dem Hof war und mit Rita gesprochen hat. Und wir müssen ganz viel von ihr erfahren.«

»Ihr beide – nicht Minnie allein – fragt den bemalten Kasperl. Und ich kümmere mich um die Hintergrundinfos.«

Kann es sein, dass Gustl mit dem Modebewusstsein der »Mystic Princess« und ihrem Prinzen nicht allzu viel anfangen kann?

Love-is-all-around-you.com

Der Prinz – also Raven – behauptet nach wie vor, dass er nicht auf dem Hoffest war. Ich müsse ihn verwechseln, außerdem sehe er keinen Grund, sein Aussehen zu verändern. Er liebe den Gothic-Stil und stehe jederzeit dahinter. Natürlich bedauere er den Verlust vom Hias. Belle schweigt dazu, aber ihren Augen sehe ich das Erschrecken an. Wie oft kommt man in dem jugendlichen Alter außerhalb von Büchern und Filmen mit einem Mord in Berührung? Also wenn man nicht Minnie Mayerhofer heißt und irgendwie einen eingebauten Mordfall-Magneten besitzt.

Dann macht Raven allerdings den Fehler zu erklären, dass er Rita nicht gekannt habe. Das hat jedoch die Kati-Oma schon schlüssig widerlegt. Und der glaube ich unbesehen – über 90 Jahre hin oder her!

»Und wer war die Frau, mit der du nach der Musikveranstaltung neulich unter den Arkaden gesprochen hast?«

»Eine Teilnehmerin, die ich zuvor noch nie gesehen habe. Sie hat erzählt, dass ihr das ›Mystic Princess‹ besser gefällt als der große Laden in München. Deshalb haben wir uns ja für Wasserburg entschieden. Keine Ahnung, wie sie hieß.«

Die hatte nicht nur Freundliches zu sagen, da bin ich mir sicher. Das ist alles sehr suspekt, doch solange wir ihm die Lügerei nicht nachweisen können, sieht es schlecht aus.

Trotz seiner angeblichen Unschuld ist Raven unsere Fragerei sichtlich unangenehm. Kurz darauf verschwindet er mit einer gemurmelten Ausrede, die wir akustisch nicht verstehen. Belle fragt nicht nach. Entweder hat sie bessere Ohren, wusste es schon vorher oder ist nicht daran interessiert.

Auf Ravens Abgang hat wohl jemand gewartet. Denn keine zwei Minuten danach steht Jonas, Belles Exfreund, im Laden.

Das Mädchen wirkt nicht so ablehnend wie beim vergangenen Zusammentreffen, was vielleicht auch an Ravens Abwesenheit liegen könnte. Das Expärchen macht es sich auf Sitzkissen in einer Ecke gemütlich und plaudert leise, während Alex mir in die Werkstatt folgt. Ich zeige ihm meine ausufernden Alpaka-Bestellungen, was ihn zunächst zum Lachen und uns beide gleich wieder auf Hias bringt.

»Ich würde ja zu gerne wissen, wie die sich im Datingportal kennengelernt haben«, meine ich nachdenklich. Alex nickt. »Wär interessant, aber nicht, dass du mir auf dumme Gedanken kommst, Minnie.«

»Wegen der ganzen Chippendales, die hier in der Wasserburger Umgebung zuhauf auf mich warten?«, frage ich und biege mich vor Lachen, als sich deutliche Runzeln auf seiner Stirn abzeichnen.

»Was soll an einer Seite *love-is-all-around-you.com* schon gefährlich sein?«, lästere ich.

»Die ist relativ harmlos«, hören wir von der Tür eine schüchterne Stimme. Jonas hat einen roten Kopf, klärt uns jedoch trotzdem auf.

»Da gibt es im Internet ganz andere Seiten, da schaudert es einen wirklich.«

»Und woher kennst du diese Plattform, Jonas?«, fragt Belle hinter ihm. Sein Gesicht verfinstert sich etwas. »Du hast mich fallengelassen wegen dem alten Kerl. Und ich will nicht ewig allein bleiben.«

Belle ist offensichtlich geschockt von den »Umtrieben« des jungen Mannes. »Das hätte ich dir nie zugetraut, Jonas.«

Und der hat tatsächlich das Gefühl, sich verteidigen zu müssen.

»Ich mach das nicht gern, Susa. Eigentlich dachte ich, dass das, was wir haben, für die Ewigkeit ist.«

Hm, mit vielleicht gerade einmal zwanzig Jahren? Ein schwer verliebter und verletzter Optimist.

»Wieso Susa?«, hakt Alex nach. Stimmt, der Name ist neu. Sie grinst ein wenig verlegen.

»Na ja, ich heiße Susanne. Belle passt halt besser zu dem Gothic-Look.«

Dann guckt sie Jonas wieder neugierig an. »Und warst du erfolgreich auf *love-is-all-around-you.com*?«

Er seufzt. »Keine ist wie du, Susa.«

Die Unsicherheit, die man ihr ansehen kann, verfliegt. Sie strahlt geradezu. Keine Spur mehr von Mystik, Melancholie oder gar Todessehnsucht. Alex und ich sehen uns an, und keiner von uns lacht ihn aus. Er meint es ernst und hat nicht verdient, dass wir uns darüber lustig machen. Außerdem geht uns anderes durch den Kopf. Und nachdem wir hier einen Datingexperten haben, frage ich: »Es ist aber schon ein seltsamer Zufall, dass so viele hier um uns herum genau diese Datingplattform gewählt haben, findet ihr nicht?«

»Neben mir wer noch?«

»Na ja, die Tote und ihr Verlobter. Und ein Betrüger und seine Komplizin.«

Belle-Susa hebt die Schultern. »Keine Ahnung, warum das so ist.«

Jonas ist offenbar bereits von ihr über den Fall informiert worden und erwidert nachdenklich: »Es sind sehr gemischte Leute, also vom Alter her und so, die da drin sind. Nicht nur die Jüngeren, die vermutlich über die Social-Media-Werbung kommen.«

An Alex' Gesicht sehe ich, dass auch er neugierig ist.

Wir verabschieden uns von den beiden und gehen in meine Wohnung. Gustl hat sich noch nicht gemeldet. Und ich bin mit einem Mal todmüde. Alex geht es genauso. Der Tag war aufregend, und so ein Ende, das schlaucht. Wir verschieben den Besuch auf dem Datingportal und kuscheln lieber auf der Couch.

Keiner von uns hat heute Lust auf Mord und Totschlag im Fernsehen. Wir gucken einen Naturfilm über den Spreewald. Da werden wir im nächsten Urlaub mal wieder zum Paddeln hinfahren. Die Ruhe unter den Weiden auf dem friedlichen Fluss tut mir gut. Sogar im Film so gut, dass mich Alex gegen Mitternacht aufweckt und ins Schlafzimmer und Bett schiebt, wo ich glücklicherweise sofort weiterschlafe.

Am nächsten Abend hat Alex seinen Schafkopfabend, und ich telefoniere mit Hias. Er klingt unglaublich traurig, jedoch auch zornig. Jemand hat ihm sein Glück geraubt – so ungefähr drückt er es aus. »Den wenn ich erwisch!«

Toni kommt auf ein Glaserl Wein vorbei, denn Basti beschäftigt sich heute Abend ebenfalls mit der Eichel-Sau, abspatzen, Trumpf geben und Co.

Ich spiele ja wirklich gerne – sogar Schafkopf, aber niemals mit Alex. Der hat einfach keine Geduld mit einer Minnie, die nach einem halben Jahr wieder die Regeln erklärt haben will. Keine Ahnung, warum das so ist, doch Kartenspiele scheinen weder mein Lang- noch mein Kurzzeitgedächtnis speichern zu können. Ich liebe Taktieren, nur eben nicht mit dem Blattlverhau in der Hand. Und dann diese Wirtshaussprüche: »Mit einem Unter gehst du ned unter« – aber wehe du wirfst ihn, wenn du kein Spieler bist. »I spui mit der Oidn« – also mit der Eichulia, der Waldschnepfe, was gleichbedeutend ist mit dem Ass der Eichel-Reihe – nur mal für alle Nichteingeweihten. Und gnade mir Gott, wenn ich die nicht ausspiele, wenn sie gesucht ist – oder zu früh oder zu spät. Da tickt mein Schatz völlig aus. Er versteht null Spaß, sobald dieses Kartenpäckchen im Spiel ist. Und ich tu mir das Geschrei nicht mehr an. Soll sich blöd fühlen, wer mag, wenn er mit Alex spielt. Ich nicht mehr!

Toni macht es besser als ich, aber deren Freund ist auch nicht in der Finanzbranche tätig, sondern in der Sozialen Arbeit und daher geduldiger.

Also widmen wir Mädels uns neugierig dem Neuland Datingportal. Ein bisschen nervös und gespannt und ohne schlechtes Gewissen, denn wir ermitteln ja.

Zuerst einmal gehen wir allgemein über die Suchmaschinen an das Thema heran und sind geschockt, wie viele Seiten es gibt, die das Fremdgehen organisieren. Ja, ist denn überhaupt noch einer treu heute? Nach einem weiteren Gläschen Cabernet Sauvignon sieht meine alkoholempfindsame Welt schon wieder fröhlicher aus. Toni tippt, weil ich, die angeheiterte Autorin, zu viele Schreibfehler produziere.

Wir landen auf der *love-is-all-around-you*-Seite und sehen, dass wir ein Teilnehmerprofil anlegen müssen, um »Datingmaterial« zu erhalten.

So schnell kann ich gar nicht gucken, wie Toni ein Profil anlegt. Ich kann sie gerade noch stoppen, bevor sie meinen echten Namen eingibt.

»Weißt du, was los ist, wenn mich hier ein Wasserburger findet? Was Alex da an Fragen beantworten muss?«

Das sieht sie ein, und wir wählen einen Alias: Maximiliane Huberberger. Also wer da auf Minnie Mayrhofer kommt …

Dazu nimmt Toni ein Foto von mir, das auf einem Radausflug entstanden ist und bei dem man nur meine Schulter und die Landschaft erkennen kann. Sie schummelt allerdings nicht beim Alter, und ich bin froh, dass sie als Herkunftsort Rosenheim wählt und nicht Wasserburg. Die Fragen, die uns das Programm stellt, beschreiben mich anschließend in der Kurzzusammenfassung als sexy, flippig, naturverbunden sowie risiko- und ausgehfreudig.

Letzteres würde sicher keiner mit mir in Verbindung bringen. Mein angegebener Beruf ist Sachbearbeiterin – na ja, ich bearbeite ja Sachen, es ist also nicht völlig gelogen. Das »sexy« sieht man doch an der Schulter auf dem Foto, oder?

Die Treffer erscheinen je nach gewähltem Radius um das eingeloggte Handy eines Accountinhabers dieser Seite. Ist es ausgeschaltet, wird auch die Person nicht mehr angezeigt. Nun geben wir noch ein, dass auch eine Mädelsbeziehung in Frage käme. Sonst kriegen wir ja nur männliche Auswahl und keinesfalls eine Mariella. Natürlich wäre es besser, wenn wir ein männliches Profil anlegen würden. Aber dann bräuchten wir einen Mann, der für die Verifizierungsfotos und ein Profilfoto zur Verfügung stünde. Und wir wollen nicht, dass Alex oder Basti das machen. Man weiß ja nie, wie sich so etwas entwickelt. Vielleicht haben wir Glück, und Mariella ist flexibel. Als wir bald darauf die Freigabe erhalten, müssen wir schon ein paar Seiten durchstöbern, um die Leute 20 Kilometer rund um Wasserburg zu checken. 18-Jährige, die garantiert noch keine 18 sind, und reife Witwen und Witwer, die eine fürchterliche Beziehung hinter sich haben, oder eine sportliche Fünfzigjährige, die an der Red-Bull-X-Alps-Challenge teilnimmt. Das ist ein Gleiterwettbewerb, bei dem sich die Teilnehmer quer durch die Alpen von einem Berg zum nächsten Tal stürzen. Und wenn die Thermik nicht passt, das Ganze zu Fuß absolvieren. Einige gstandene Mannsbilder wie der Hias sind im Angebot der Vermittlerseite oder hübsche, teils schüchtern oder nüchtern wirkende Frauen, die ihr Alleinsein beenden wollen. Des Weiteren wimmelt es hier von bis zur Unkenntlichkeit aufgebrezelten Mädels, die in Discoglittertops und Hot Pants posieren und jungen Männern, die offensichtlich sehr viel Zeit auf ihr Äußeres verwenden. Und eben welche wie mich und Toni oder Basti und Alex.

»Da!« Wir haben tatsächlich Glück auf Seite sieben und finden das Mädchen aus der Disco, das Alex den Drink mit den K.-o.-Tropfen gegeben hat. Sie heißt hier nicht Mariella, sondern Disco-Luder. »Du willst was erleben? Dann melde dich!«

Das trifft es ziemlich genau, wenn man an Alex denkt, und ist wahrscheinlich eines der ehrlichsten Profile. Der Ansturm erlebnis- und sonst-noch-was-hungriger Männer ohne Gefahrengespür kann sich vermutlich sehen lassen und wird dem ausgeprägten Selbstbewusstsein der lieben Mariella einen himmelhochjauchzenden Kick bescheren. Zumindest hat eine »Freundin« sie Gerhard so beschrieben.

Hat jemand mal nachgeguckt, was »Luder« bedeutet? Neben dem biologischen Hinweis »Aas« und »Tierköder« steht da »Xanthippe« und »Scheusal«, das wäre mir persönlich eine Überlegung wert, ob ich sie anschreibe. Aber die Hot Pants schwächen ein Alarmsignal sicher gewaltig.

Interessant und hilfreich sind Mariellas Fotos: Wir erkennen einige Locations, wo sie sich offensichtlich gerne aufhält: vom Wirtshaus über die Clubs bis zur Pizzeria. Und auf dem Foto, auf welchem sie lasziv das Löffelchen Tiramisu in den rotgeschminkten Mund schiebt, strahlt sie jemanden an, den wir kennen.

»Alex wird ausrasten!«, sage ich nervös. »Aber geheim halten wird schwierig!«

Toni nickt nachdenklich, während wir Mariellas Tischherrn, Sepp Hohenwarter, betrachten, wie er dem Ober einen grünen Geldschein entgegenstreckt, der Geldsack! Auf jeden Fall ist der Verdacht bestätigt, und ich archiviere die Fotos auf meinem Rechner für die weiteren Recherchen von Alex und Gerhard. Schicken werde ich sie erst morgen gegen Arbeitsschluss.

»Lass uns noch ein bisschen nach Bekannten surfen, Toni. Ich brauch ein anderes Bild vor Augen.«

»Oben ohne mit Sixpack?«, fragte sie grinsend und blättert weiter. Ich hoffe doch schwer, dass meine Freunde – die wenigen, die einen Sixpack vorweisen können – sich hier nicht oben ohne präsentieren.

Eine Minute später sieht uns der leidende Jonas entgegen. Also ist sein Handy wohl gerade in Reichweite der 20 Kilometer.

Und dann finden wir jemanden, der hier nicht mehr aufgelistet sein sollte: Rita – ganz sicher! Sie heißt auf dieser Seite »Nightkiss«, aber ich erkenne sie trotz der

Kapuze und des langen dunklen Haars, das, wie ich weiß, nicht echt ist. Sie ist auf der Suche nach dem wahren dunklen Prinzen – passt nicht wirklich zum blonden Hias – und der Liebe, die für immer hält. Das wäre vielleicht möglich gewesen, wäre da nicht ihr Tod dazwischengekommen.

»Wie kann das sein? Die Polizei konnte ihr Handy doch nicht orten«, fragt Toni geschockt. Es gibt nur einen möglichen Grund dafür.

»Ihr Mörder hat das Handy und hat es kurz eingeschaltet«, meine ich und drucke die Beschreibung und das Foto aus.

Doch plötzlich – ich habe nur kurz zwei Seiten weiter- und wieder zurückgeblättert – ist Rita nicht mehr dabei.

»Er hat es wieder ausgeschaltet.«

Wir sind geschockt. Der Mörder ist im Raum Wasserburg mit Ritas Handy aktiv. Warum?

Die Ausdrucke möchte ich gerne morgen mal Belle zeigen, ob sie Rita erkennt, immerhin war sie zweimal im Laden. Wir blättern ganz bis hinten durch: Hias ist nicht zu finden – er hat sich vermutlich gleich abgemeldet, als er Rita getroffen hat, die ehrliche Haut.

Ich bin der Sucherei müde, aber als wir uns abmelden wollen, werde ich schlagartig wieder wach. Ich habe drei Anfragen für ein Date, fünf für unverbindlichen Sex und zwei, die ich hier nicht näher erläutern will, so eklig sind sie. Und weil ich zu so jemandem echt gemein sein kann, melde ich sie dem Seitenadmin.

»Was sollen denn die Zwölfjährigen denken, die sich hier mit der Altersangabe 18 tummeln. Die sind ja traumatisiert«, schimpfe ich empört. Toni wirft mir einen Seitenblick zu. »Minnie, komm mal auf den Boden der Realität. Die wissen vielleicht nicht, was ›Luder‹ übersetzt heißt, aber was sie auf einer solchen Seite erwartet, vermutlich schon.«

Ich kann nicht anders, als mir anzugucken, wer mich daten und vernaschen will. Und bin fassungslos, denn drei der Jungs kenne ich. Und einer hat auch mich erkannt. »Hey Minnie, schön, dass du wieder auf dem Markt bist. Wie wär's mit einem Absacker morgen Abend im *El Paso*?« Echt jetzt? Der Pauli hat mich anhand der Schulter identifiziert? Das macht mich nun ein bisserl nervös, so etwas ist doch nicht normal, oder?

Ich liebe diese Cocktailbar, aber in dem Fall winde ich mich mit Schweißperlen auf der Stirn raus: »Du scheinst mich zu verwechseln, Herzchen. Freu mich trotzdem auf dich, muss nur erst meine dreijährigen Zwillinge bei der Schwiegermutter unterbringen. Ich schreib dir, Bussibussi.«

Er zieht seine Bewerbung augenblicklich zurück.

Nachdenklich gehe ich zu Bett. Alex hat geschrieben, dass er grad ein super Solo gespielt hat und jetzt einen Wenz probiert. Dazu braucht man Glück. Diese Spielvariante verliert er zu 95 Prozent, also wird er noch ein paar Runden brauchen, um die Schmach wettzumachen.

In meinem Traum werde ich von einem Wasserburger Café zum nächsten gejagt – von lauter Interessenten aus *love-is-all-around-you.com.*

Alex ist schon früh am Montagmorgen in die Arbeit verschwunden. Ich treffe mich mit Hias in der *Schranne*, nachdem er, mit kratertiefen Ringen unter den Augen, eben seine Aussage bei der Polizei gemacht hat. Er fragt nicht, ob ich was Neues weiß, und ich verschweige ihm erleichtert meine Vermutungen über Rita-Nightkiss. Das soll vielleicht doch erst die Polizei prüfen, bevor ich ihm so einen Schlag versetzen muss. Sie hat weitergesucht, obwohl sie mit Hias verlobt war.

Meine Anfragen zu Dates ignoriere ich aktuell und konzentriere mich darauf, unsere Erkenntnisse und Bilder zu Mariella sowie die Tatsache, dass wir Rita im Datingportal kurz gefunden haben, zusammenzufassen. Das schicke ich am mittleren Nachmittag an meinen Schatz und Gerhard. Sekunden später überschlägt sich gewissermaßen mein Handy, beide rufen an. Ich schlage ihnen ein Treffen vor.

Der Vorschlag wird angenommen, aber ohne meine Anwesenheit zu erbitten. Na gut, dann nicht. Ich bin ausgelastet. Denn mittlerweile ist Gustl aufgetaucht, den ich über die Neuigkeiten zu Rita informiere. Er ist sich auch nur fast ganz sicher, dass es ein und dieselbe Frau ist. Der Kontakt zu unserem Cyberprofi Lothar in Rosenheim ist schnell hergestellt.

»Ich check das mal, notfalls über den Betreiber der Datingplattform. Die müssen ja wissen, wer hinter dem Pseudonym steckt, und werden uns die bei ihnen gespeicherten Daten mitteilen.«

Außerdem erfahre ich, dass Ritas Handy weiterhin nicht zu finden ist. Warum hätte es ihr Mörder mitnehmen sollen? Doch nur, wenn darauf Hinweise auf ihn zu finden sind. Und warum schaltet er es ein? Auch Gustl hat keine Erklärung dafür. Die SpuSi hat auf jeden Fall alles abgesucht: den Wagen, die Umgebung, Ritas Zimmer. Am Halstuch haben sich keine Täterspuren gefunden, ebenso wenig auf dem Boden Reifenabdrücke eines anderen Wagens. Entweder ist der Mörder mit Rita gekommen oder er hatte woanders geparkt und diese Spuren wurden von den Erntefahrzeugen vernichtet.

Gustl und ich drehen eine Runde mit George, der gestern in den Maisfeldern sicher seinen Spaß gehabt hätte. Aber nachdem ich nicht sicher sein kann, dass mein städtischer Teilzeithund folgsam zu mir zurückkehrt – ohne einen Hasen im Maul –, wollte ich ihn nicht mitnehmen. Ihn zwischen den Beinen auf der Vespa transportieren wäre auch nicht gegangen, obwohl die Italiener das früher praktiziert haben: Auf der Sitzbank saßen Vater, Mutter und dazwischen ein Kind, vor dem Papa stand ein weiteres Zwergerl zwischen den Beinen, und der Hund wurde hinten in der Badetasche festgezurrt. Meine Mutter brachte mir dieses Bild vor Augen, als sie von den Zeiten erzählte, in denen sie noch unverheiratet mit meinem Erzeuger in Bibione am Strand gelegen ist.

Aber zurück nach Wasserburg: George begleitet uns sogar mit zu meiner Mutter. Die Erwähnung des Worts »Traudl« lässt ihn heftig mit der Rute wedeln, denn sie hält immer einen Knochen oder ähnlich Gutes für ihn parat.

Wir trinken einen Kaffee miteinander, und Traudl versucht, das Thema Mord zu umgehen. Sie hasst es, wenn Gustl und ich ermitteln. Und Alex ist in ihrer Achtung wie ein Achterbahnwaggon vor dem Looping in die Tiefe gestürzt, seit er mit Gerhard gegen den Hohenwarter Sepp vorgeht.

Stattdessen erzählt sie von der Gastgeberin ihres Spa-Hotels im Bayerischen Wald, die sich begeistert in ihre, Traudls, astrologieerfahrenen Hände begeben hat.

»Sie hatte solche Probleme mit ihrer Schwiegertochter. Aber ich konnte ihr genau sagen, woran das liegt. Das ist wie bei dir und mir, Arminia. Die Jungen müssen eben mal auf die Erfahrenen hören.«

»Solange sie nicht alles befolgen müssen«, murre ich leise, denn ich ahne, was kommt. Trara – da ist er schon der geliebte Ratschlag: »Kind, du könntest so ein schönes Leben haben, wenn du Alex heiraten würdest, als Frau vom zukünftigen Bankchef. Du könntest deine eigene Galerie haben, wenn du unbedingt weitertöpfern willst. Oder einen eigenen Verlag, wenn du dich vielleicht ein bisschen anderen Themen zuwenden würdest, also Krimis oder Ratgeber schreiben würdest statt diesem Fantasie-Unsinn.«

»Äh Traudl, selbst wenn Alex Bankchef würde – so kurz vor seiner Rente – dann ist er nicht der Chef von J. P. Morgan oder der Bank of China. Also ich glaube nicht, dass da Geld für einen Verlag oder eine Galerie drin ist.«

»Ich kaufe mich mit ein – und der Gustl ebenso, dann klappt das schon.«

Am erschreckten Gesicht vom Gustl erkenne ich, dass ihm der Vorschlag neu ist. »Und wovon soll der Gustl dann seine Frühstücksrechnungen zahlen, Traudl?«, pruste ich los.

Die Mienen sind Gold wert.

Man kann sich ja ausrechnen, was durchschnittlich 30 Tage opulentes Frühstück mit Ei und Wurstaufschnitt für zwei Semmeln und eine Scheibe Brot so kosten. Nehmen wir mal einen sozialen Preis von acht Euro an, das wären 240 Euro nur fürs Frühstück. Dazu kommt noch das teurere Mittagessen. Gibt gesamt – auch beim Abopreis, den Gustl bei allen teilnehmenden Restaurants erhält – noch mal etwa 300 Euro. Die Brotzeit wird zehnmal im Monat bei der Traudl geschnorrt, oder bei mir, die restlichen Tage kauft sich der Polizeihauptkommissar a. D. die fertigen Semmeln oder einen Presssack beim Metzger. Am Nachmittag muss zum Kaffeehaferl ein Kuchen her, und das Vormittagsbier mit der Butterbrezen will ich an dieser Stelle nicht verschweigen. Gustls männliche Figur wird deshalb ja auch immer mehr, weil er sicher 1000 Euro im Monat nur in die Versorgung derselbigen investiert.

Im Gegensatz zu den Hobbits im »Herr der Ringe«, die ähnlich viele Mahlzeiten vertilgen, jedoch trotzdem einem Spargeltarzan oder Kindern ähneln – also von den haarigen Füßen mal abgesehen –, schlägt das Essen bei einem Bayern eben doch an.

Zu seiner Rettung vor Traudls Plänen erhält Gustl einen Anruf von Lothar, der mehr über Rita herausgefunden hat. Er will morgen nach Wasserburg kommen und es uns mitteilen. Na, da sind wir ja gespannt!

Ich überlasse Gustl seinem Schicksal, sprich einer Traudl, die mit ihm über die Galerie Schrägstrich Verlagsbeteiligung reden will. Als sie das nächste Beeinflussungsbier aus der Speis holt, flüstere ich ihm zu: »Genieß das Bier und bleib hart! Du willst keine Galerie und ich auch nicht!«

Ein kleiner schüchterner Seufzer – damit ihn die Traudl nicht hört – kommt aus dem mächtigen Brustkorb, der für einen Operntenor geeignet wäre: »Mei, du redst di leicht, Minnie.«

»Ich weiß. Red dich halt auf den Pluto raus, der dich gewarnt hat, neue Projekte finanzieller Art anzufangen.«

Er schaut mich entsetzt an. »Des wär wie ein Sakrileg, Minnie.«

»Mei, ein bisserl zum Beichten gehen und der Traudl Blumen kaufen wirds schon wieder richten.«

Ich zwinkere ihm zu, ignoriere die grimmig zusammengezogenen Augenbrauen und mache mich feige aus dem Staub.

Mords-Goschn

Das Abendessen ist eben fertig, als Alex erscheint, der sich über die Spaghetti Bolognese freut. Gegen Ende des Mahls kläre ich ihn darüber auf, dass das Hackfleisch diesmal aus einem veganen Fleischersatz aus Kichererbsen bestanden hat. Nach einem entsetzten Blick schaut er sich das letzte verbliebene Löffelchen auf dem Teller ganz genau an.

»Alex, du hast jetzt aber nicht Angst vor diesem Bissen, oder?«, fange ich an zu lachen, woraufhin er mit verächtlicher Miene den Löffel zückt und heldenhaft aufisst.

»Und war es so schlimm? Ehrlich!«

Er seufzt. »Nein, und ich weiß ja, dass du recht hast, Minnie. Zu viele Menschen, die zu viel Fleisch essen, das ist weder für die Erde noch für die Tiere gut.«

»Noch für die Menschen«, füge ich hinzu.

»Ich glaube nicht, dass es mir bisher geschadet hat«, erwidert er ein kleines bisschen bockig.

»Weil du noch jung und sportlich bist. Aber dem Gustl täten ein paar Kilo weniger Fleisch im Essen nicht schaden.

Und du kommst auch mal in das Alter und wirst vielleicht bewegungsfaul.«

»Nein, ganz sicher nicht, Minnie. Ich muss im Training bleiben, sonst machst du mich fertig«, lästert er.

»Und ich helfe dir dabei, mein Hase. Deswegen gibt es ab sofort mehr vegetarische Kost.«

»Die Spaghetti sind ja okay. Aber was ist mit dem Grillfleisch? Der Lasagne?«

»Zucchini, Maiskolben, Grillkäse, Karotten und Paprikaschoten, Knoblauchbaguette und auch in der Lasagne Zucchini und Kichererbsen.«

Bevor er losjaulen kann, füge ich hinzu: »Und als Nachtisch ein große Schüssel Tiramisu.«

Das Jaulen wird durch einen tiefen Seufzer ersetzt, den ich unkommentiert lasse. Ich spüle dafür ab, bis er sich vom Schock erholt hat.

Dann erzählt er mir, dass er sich morgen freigenommen hat und mit Gerhard einige der Orte abklappern wird, die Mariella in ihrem Account bei *love-is-all-around-you.com* gezeigt hat.

Ich bin am nächsten Tag auch ohne Alex ausgelastet, denn ich darf eine Führung begleiten, in der es um besondere Orte in Wasserburg geht. Und den restlichen Tag möchte ich unbedingt schreiben. Ich bin schon wieder so weit, dass ich Selbstgespräche auf offener Straße führe. Nicht, dass das Wasserburger noch wundern würde, aber die Urlauber schauen immer etwas verängstigt drein, wenn ich Dialoge ausprobiere. Die sind gelegentlich sehr lebendig und melodramatisch, so in etwa:

»Nimm das, du Schuft!«

»Ich weiß, ich wollte dich nie verlassen, doch nun …«

Spätestens dann ist es nötig, meiner Fantasie Gelegenheit zu geben, sich auf der Tastatur auszutoben.

Ich zähle die versammelten Leute, die an der Führung teilnehmen möchten, und mache das Schlusslicht, das Fragen beantwortet, die noch nicht von Ilona und Irene, den beiden Erfinderinnen dieser speziellen Wasserburg-Präsentation, gehört wurden.

Zuerst erfahren wir etwas zum Pranger am Rathaus und der zugehörigen, nicht so schönen Tradition im Mittelalter. Dabei wurden Menschen für ihre Vergehen – manchmal Kleinigkeiten – bis zu drei Tage über dem Marktplatz für alle sichtbar öffentlich gedemütigt. Durch die Zurschaustellung und die Reaktionen der Leute. Da flogen schon mal Eier und Kohlköpfe auf die Bemitleidenswerten. Wir schütteln das ungute Gefühl des schlechten Gewissens ab, als wir zu den rostigen Ketten emporschauen, und bewundern lieber die Häuserfronten am Marienplatz wie das Abraham-Kern-Haus. Viel gestaunt wird auch in einem Innenhof, in den man sonst ohne Führung gar nicht hineinschauen kann, und dann folgt – was Alex so liebt – das Gewölbe unter dem Brucktor.

Wir spazieren durch die Stadt durch Gassen und über Treppen, die der Standard-Besucher meist übersieht. Zu manchen Orten erzählen Ilona und Irene Zeitgeschichtliches – mal wahr, mal wahrscheinlich, mal nicht unmöglich, und alle Varianten lassen die Zuhörer gespannt lauschen. Sie versetzen sie in die Zeit, als hier noch die Salzfuhrwerke den Weg nach München nahmen und sich das Liebesdrama eines Wasserburger Mädchens ereignete. Diese Führung kann ich wirklich jedem ans Herz legen, der seine Fantasie mit auf eine Stadtbesichtigung nehmen mag.

Zuletzt besichtigen wir beide Teile der *Michaelskapelle*. Der Heilige Michael ist der Erzengel, der die Menschen im Leben und im Tod beschützt und ihre Seelen vor Gott führt. Deswegen heißen oft Friedhofskapellen nach ihm.

Der obere Kirchenteil, den man in der Schmidzeile am Burgberg betritt, ist normalerweise nur für eine Messe am Namenstag des Heiligen geöffnet. Für das mächtige alte Holztor hat nur ein kleiner Kreis von Auserwählten einen Schlüssel. Es ist hier hell, und der Raum wirkt nicht allzu kirchenähnlich auf mich.

Dann klettern wir die Freidhofer-Steige hinab und betreten den ganz anderen Kirchenteil, der dunkel und mystisch zum Gebet einlädt. Hier befand sich das ehemalige Gebeinhaus, zur würdigen Aufbewahrung der Toten, wenn sie im Friedhof zerfallen waren und Platz für neue Dahingeschiedene machen mussten. Die Kirche war zwischendrin sogar mal im weltlichen Besitz und beherbergte eine Branntweinschenke. Unglaublich, nicht wahr? Damals brach man auch die Kirchturmspitze ab. Schließlich erwarb die Corpus-Christi-Bruderschaft den »entweihten« Ort für die Kirche zurück. Nun ist der Raum mit den mystischen Malereien aus verschiedenen Zeiten meist für die Gläubigen geöffnet.

Als wir wieder ans Licht kommen, hat sich der bisher blaue Himmel verflüchtigt, und es regnet fette Tropfen.

Nach einer kurzen Verabschiedung sausen daher alle hektisch vom Kirchhofplatz in unterschiedliche Richtungen davon. Die Führerinnen in ein Café, ein Teil der Gruppe zum Bus, der am Busbahnhof auf sie wartet. Der Rest vermutlich zu einer Shoppingtour, denn außer mir mögen das ja die meisten Leute.

Ich flitze um die St.-Jakobs-Kirche herum, durch die Schustergasse hindurch und über den Zebrastreifen Richtung Gruber. Dann habe ich die schützenden Arkaden und bald auch meine Haustür erreicht.

Gleichzeitig mit mir drängt sich ein nasser Hund durch die Tür, der aussieht, als hätte ihn die Sturzflut mitten im Sonnenbad erwischt. Uns auf den Fersen sind die zwei Jungs aus dem ersten Stock, die ich bisher selten gesehen habe, obwohl sie schon seit zwei Jahren hier wohnen. Sie machen die Technik bei Events, von der Scheunenparty über runde Geburtstage bis hin zu »Wasserburg leuchtet«.

Mikey und Steven, also Michael und Stefan, sind die *Eventers* von Wasserburg. Keine schlechte Namensgebung finde ich, weil sicher viele junge Leute automatisch an die Avengers denken. Und eine Art Kampf gegen das Böse ist es sicher auch, die Akustik an schwierigen Orten wie in einer Scheune so auszusteuern, dass jeder genug und nicht zu viel hört, und die Lichtblitze cool aussehen, aber nicht zu sehr blenden.

»Hey Minnie, da haben wir ja alle noch Glück gehabt und sind fast nicht nass geworden«, lacht Steven und schüttelt seine blonden Surferboy-Locken.

»Außer George«, meine ich und schaue meinen Hund mitleidig an, der sich versteift.

»Achtung!«, schreie ich und springe zur Seite. Mikey macht es mir nach, aber Steven braucht einen Tick zu lange. Mit dem Ergebnis, dass er nun nasser aussieht als George vorher, der ohne jede Entschuldigung rasch die Treppe hochtrabt. Das schlechte Gewissen! Er weiß ganz genau, dass er das nicht machen soll. Bei Traudl würde er eher im Bach liegen bleiben, als sich zu schütteln. Steven wird sicher nie wieder einen nassen Hund ignorieren.

»Tut mir leid, Steven«, meine ich vergnügt, während sich Mikey vor Lachen kugelt.

»Das kostet ein Bier auf dem Balkon, Minnie, gell?«, meint Steven und guckt sich sein weißes T-Shirt an. Also das ehemals weiße T-Shirt, das nun mit braunen Haaren und dunklen Wasserflecken bedeckt ist.

»Ja, klar. Jetzt oder später?«

»Ich zieh mir kurz was Trockenes an, dann kommen wir rauf«, meint Steven, woraufhin Mikey erneut losprustet: »Bist du sicher?«

Der junge Mann ist lernfähig. Er bringt George einen Knochen mit, der mir verrät, dass die beiden Jungs wohl gestern Schweinshaxn hatten. Aber bis Alex heimkommt, wird keine Spur davon übrigbleiben, die ihn neidisch über solche Gerichte nachdenken lassen könnte. Mir haben sie eine Großpackung Schokokekse mitgebracht.

Wir sitzen bei Bier, Salzstangerl, Schokokeksen und Regen dick eingemummelt auf dem Balkon. Also, ich habe natürlich einen Tee vor mir stehen, denn ich will ja noch was zu Papier beziehungsweise in die Datei bringen.

Die zwei sind gut drauf und erzählen, was bei ihnen schon alles schiefgegangen ist.

Steven berichtet schadenfroh, dass Mikey einmal zu viel Wodka erwischt hat. Als ein Lautsprecher ausfiel, ist er dann an den Stahlgittern entlang hinauf zum reparaturbedürftigen Teil balanciert. Trotz Stevens heftiger Einwände. Und es ging nicht gut aus – mit 1,5 Promille. Die Folge: eine gebrochene Hand. Und ein Mikey, der seither bei keiner beruflichen Veranstaltung mehr etwas anderes als Wasser oder Spezi zu sich nimmt.

Ein anderes Mal hatten sie, getrennt voneinander, Buchungen angenommen. Sie teilten es zwar einander mit, hatten aber nicht realisiert, dass es der gleiche Abend war, in ähnlich klingenden Orten. So hat Mikey die Lichttechnik in Oberhintermühl aufgebaut, während Steven mit den Lautsprechern in Hintermühlbach beschäftigt war. Jeder schimpfte über den anderen, der wegen schlechter Handynetze nicht erreichbar war. Zwei Stunden vor der jeweiligen Fete schafften sie es dann, sich über das Festnetz von Freunden zu besprechen.

»Wie ist das ausgegangen?«, frage ich neugierig, und die beiden lachen sich kaputt. »Na super, wir haben die Orte gewechselt und dort die jeweils andere Technik in letzter Minute zum Laufen gebracht. Und doppelt abkassiert!«, meint Steven.

»Trotzdem brauch ich das nie wieder!«, schwört Mikey, und beide nicken.

»Der Stress ist das ganze Geld nicht wert.«

»Ihr seid die chaotischsten Organisatoren, die ich kenne«, schüttele ich ungläubig den Kopf.

»No risk, no fun, Minnie. Das ist ein bisserl, wie sich vor dem Regen retten und neben deinem Hund zur Tür rein sausen.«

Nun lachen wir alle drei Tränen, was sich noch steigert, als uns George mit beleidigtem Gesichtsausdruck mustert, als verstünde er, worüber wir reden.

Dann kommt die Sprache auf Raven und Belle.

»Das ist vielleicht ein Kotzbrocken, wie der mit Belle umspringt!«, sagt Steven empört. Mikey berichtet, dass sie ihn auf mehr Höflichkeit hingewiesen hätten und Raven sehr aggressiv reagiert habe. Da sie zu zweit waren, habe er sich schließlich zurückgezogen.

»Er wollte uns der Hausverwaltung melden, weil wir spioniert hätten.«

»Na, das hat er sich sicher gespart, weil er nicht wollte, dass ihr erzählt, wie er Belle behandelt«, meine ich nachdenklich. Das gefällt mir gar nicht. Da werde ich persönlich mal ein Wörtchen mit der Hausverwalterin reden, dass sie dem Herrn auf den Zahn fühlt. Mit der entschiedenen Traudl-Autorität. Da kniet Raven anschließend gerne vor Belle-Susa. Anderseits soll sie ruhig wissen, dass sie mit dem »bemalten Kasperl«, wie Gustl ihn nennt, nicht das große Los gezogen hat.

»Der ist nachts ganz schön aktiv«, fügt Steven hinzu, was mich aufmerken lässt.

»Was meinst du damit?«

»Nach Mitternacht kommen immer wieder Leute vorbei. Oft einer, der grob bayerisch unterwegs ist. Also der hat in der Schule beim Schriftdeutsch total gepennt.«

Hm, das gibt es ab und zu, aber sobald die eingefleischten Bayern mit einem »Preißn« wie Raven reden, befleißigen sie sich doch meist einer Art Hochdeutsch mit Akzent.

»Und wer sonst noch?«

»Eine mit einer Mords-Goschn. Redet wie ein Buch, nur schriller.«

»Wann war das?« Wenn die Mords-Goschn nach wie vor existiert, dann sind wir mit Rita wirklich auf der falschen Fährte.

»Das letzte Mal am Ende der Woche, ich glaub, am Donnerstag.«

»Nein, es war der Freitag, da sind wir grad von der Kuhstallparty in Eiselfing heimgekommen. Da hat er sie niedergeplärrt.«

Freitag würde passen, da hat Rita noch gelebt, und wir haben sie am Samstag auf dem Alpaka-Hof getroffen.

»Habt ihr gehört, worum es ging?«

»Sie könnte sich nicht einfach davonmachen und ihn mit allem sitzen lassen.«

»Und dass sie das einen Haufen kosten würde.«

»Ja, ihr Leben«, meine ich leise.

Mikey schüttelt den Kopf. »Naa, er wollt viel Geld von ihr.«

Dann schauen sie mich entsetzt an. »Du meinst, er hat sie umgebracht?«

»Ich weiß es nicht sicher, aber es könnte sein, dass sie die Frau ist, die im Maisfeld gefunden wurde. Könnt ihr sie beschreiben?«

»O mei, Minnie. Naa, nur die Stimme. Wir haben sie ja ned gesehen. Und als sie so gestritten haben, hat bald darauf die Kreuzpoitnerin aus der Tür geschrien, dass sie endlich a Ruh geben sollen.«

An dem Abend war ich bei Alex, deswegen habe ich es nicht mitbekommen. Aber dass sich die Kreuzpoitnerin nicht bei mir beschwert hat, ist schon verwunderlich.

Die beiden verschwinden wieder, weil sie noch vorschlafen müssen. Am Wochenende geht es rund bei den *Eventers*.

Ich mache mir eine weitere Tasse Tee und schaue trübsinnig in das trübe Wetter hinaus. Das ist nicht mein Lieblingshalbjahr, das auf uns zukommt. Eine Minnie braucht Sonne in ihrem Leben, nicht Regen und Nebel!

Und weil nichts so gut Trübsinn und Ekelwetter vertreiben kann wie Lesen, Fernschauen oder Schreiben, klappe ich meinen Laptop auf und lege los.

Ich sammle seit einiger Zeit schon Ideen für eine neue Fantasystory. Und mittlerweile bin ich neben den Selbstgesprächen so im Fantasiermodus, dass ich überall etwas Fantastisches entdecken kann: Ein Rankgitter kann sich verformen, eine Eidechse verwandeln, eine Person die Augenfarbe ändern, wenn Gefahr droht. Und natürlich kann jede Szene durch Mut oder Feigheit bestimmt werden. Und weil es draußen so »greislig« ist, forme ich meine neue Welt, indem ich eine Stadt unter der Erde erfinde, voller frustrierter Einwohner, die hinaus wollen und nicht können. Warum nicht?

Die wichtigste aller Fragen nach dem wer, wie und wo: Warum entwickelt sich eine Geschichte so und nicht anders? Ich mache ab und zu mal Lesungen, und diese Frage kommt häufig. Aber ich kann sie nicht für jede Szene beantworten. Klar, es gibt auslösende Momente. Doch vieles macht meine Fantasie mit mir und nicht ich mit ihr. Klingt das verrückt? Vermutlich. Aber in jedem Autor steckt ein kleiner Freak. Oder auch mal ein größerer, sofern er nicht Sachbücher schreibt. Obwohl … da gibt es auch Themen … ich sag's euch!

Es zieht bereits die Dämmerung herauf, als ich den Schlüssel im Türschloss und Alex' Stimme höre.

Ich habe 20 Seiten geschafft und einen guten Szenenplan entwickelt. Schnell noch speichern, dann gehe ich meinem Schatz entgegen, dem ich schon an der Nasenspitze ansehe, dass er viel zu erzählen hat.

»Wir haben die meisten der Orte lokalisiert, die auf Mariellas Fotos waren, und sie abgeklappert. Einmal haben wir das Mädel ganz knapp verpasst – in einem Café in Ostermünchen.«

»Sie ist also in der Nähe und nicht auf die Bahamas entwischt«, versuche ich, seine Anspannung zu lösen, aber es gelingt mir nicht.

»Die kommt uns auf Dauer nicht davon.«

»Und was passiert, wenn ihr Freunde berichten, dass zwei Männer sie suchen? Meinst du nicht, dass sie sofort das Weite sucht? Oder euch wegen Stalking anzeigt?«

Sein leicht überhebliches Ich-mache-doch-keine-Anfängerfehler-Grinsen warnt mich vor.

»Minnie, natürlich haben wir nicht zu zweit nach ihr gefragt. Nur ich, und ich habe immer gesagt, dass sie mich auf *love-is-all-around-you.com* interessiert. Und wie unglaublich der Zufall spielt, dass ich sie eben offensichtlich in Natura gesehen habe …«

»Das sind ja tolle Freunde, die dir da Auskunft geben«, meine ich stirnrunzelnd, was er nicht versteht.

»Ist das kein Kompliment?«

»Einerseits schon, andererseits würde es mich nervös machen.«

Ich denke dabei auch an meinen eigenen Dating Account.

»Wenn ich auf so einem Portal unterwegs bin, will ich ja Sicherheit haben. Ich überlege genau, wen ich treffe, und gebe einer Freundin Bescheid, sobald es so weit ist, damit jemand weiß, wen ich zuletzt getroffen habe, falls ich nicht mehr auftauche. Und wenn plötzlich in meinem Lieblingscafé ein Typ steht, der mich wiedererkannt hat und nach mir sucht, ist die sichere Anonymität dahin.«

Er guckt mich zuerst ein bisschen betroffen an, dann schüttelt er den Kopf. »An das denkt ihr Mädels? Ihr organisiert euch da wirklich eine wachende Freundin?«

»Ja, Toni und ich haben uns schlaugemacht. Es schreiben ja nicht nur nette Männer auf Datingportalen. Wenn ich denke, was man da alles an eindeutigen und teils ekligen Angeboten bekommt.«

»Woher weißt du das, Minnie?«, fragt er neugierig. Achtung, Minnie, der eifersüchtige Mann kann jederzeit erwachen! Ein unvorsichtiges Wort genügt.

»Hab ich schon mit eigenen Augen gesehen, als eine Freundin einen Account angelegt hat.« Das ist nicht gelogen, ich habe nur weggelassen, dass es mein Account ist.

»Hm«, er lässt erstaunlicherweise locker und fragt nicht weiter. Seltsam! Vermutlich habe ich Glück, weil ihn Mariellas Aufenthaltsort mehr interessiert.

»Ja also, sie ist in Ostermünchen oder drumherum und jobbt jeden Nachmittag in diesem Café. Das heißt, wir fahren morgen noch mal hin, und Gerhard befragt sie.«

»Wenn sie nicht von der Kollegin gewarnt wurde.«

Er seufzt. »Na ja, das müssen wir eben jetzt riskieren. Vielleicht geht Gerhard allein rein. Der hatte eh schon wieder Hunger beim Warten im Auto.« Das kann ich mir nur zu gut vorstellen. Gerhard ist für Beschattungsaktionen ungeeignet, weil er im Zwei-Stunden-Takt Nahrung braucht wie ein Säugling – nur andere Mengen und Konsistenzen. Und ich will gar nicht wissen, was er wartend in einem Auto machen würde, wenn diese Mengen seinen Körper im gleichen Rhythmus verlassen müssen.

Heute ist es Alex, der todmüde ins Bett fällt. Jaja, die Ermittlungsarbeit schlaucht natürlich: erst der Adrenalinschub, dann der Tiefpunkt.

Während er bereits leise vor sich hin sägt, werfe ich noch einmal den Laptop an und checke meinen Datingportal-Account.

Puh, da muss ich einige Absagen vornehmen, sonst macht mich das echt nervös.

Der eine sucht eine sportliche Begleitung. Dem kann ich ohne schlechtes Gewissen berichten, dass ich nicht die gesuchte Traumfrau bin. Mountainbiken ist so ziemlich das letzte Hobby, das ich mir konditionstechnisch zutraue. Es kommt gleich nach Hängebrückenbetreten und Bungeejumping, die allerdings nicht der Kondition wegen nicht in Frage kommen. Die Rote Brücke – kein Problem, die Europabrücke – riesiges Problem, obwohl das ja keine Hängebrücke ist. Ich bin eben doch manchmal ein Mini-Mäuschen.

Zwei Anwärter fallen raus, weil sie einfach sehr ungepflegt wirken, der dritte ist mir persönlich zu gschleckt.

Es bleiben noch ein sehr junger Fußballfreak, da könnte ich zumindest mitreden, weil Alex ja auch oft kein anderes Thema hat, und ein Mann, der kein Foto eingestellt hat. Der klingt freilich wirklich interessant, sollte ich jemanden suchen. Liebevoll, gerne unterwegs ohne Anstrengung, geht am liebsten essen, liebt Wasserburg. Vermutlich kenne ich ihn, doch es sind zu wenig Hinweise vorhanden. Also frage ich nach: »Bist du eher der Stadt- oder Naturmensch?« »Lieblingsspeise?« »Lieblingsklamotte?« »Lieblingstier?«

Na, da bin ich ja gespannt, ob ich ihn kenne und erkenne! Und wie ehrlich er tatsächlich mit seinen Auskünften ist.

Es belastet mich jedoch nicht sonderlich, weil ich ja jemanden habe, an den ich mich jetzt rankuscheln kann, während draußen über dem Inn die Nebelschwaden immer dichter werden.

Bald ist der Oktober vorbei, ich hoffe auf den Altweibersommer, der ja gerne noch mal warm wird. Aber wenn ich zum Fenster hinausschaue, kann ich es mir nicht vorstellen.

Trotzdem denke ich an goldene Farben am Spätnachmittag auf den Weizen- und Gerstenfeldern, die bereits alle abgemäht sind. An die letzte Grasmahd, die die Silolager auffüllt. Und an die Maisfelder, die nun an der Reihe sind. Und dann ist es ganz plötzlich kahl in Bayern. Nackt und schutzlos sieht auch unser Landkreis dann aus.

Herbststürme treiben Regenwolken und die gelben Blätter über das Land, nur noch gebremst von Häusern und Wald. Das ist die Zeit, in der auch wieder die Minnie-Melancholie-Zeit anbricht, in der ich viel schreiben muss, um in anderen Welten schöne Orte und vor allem Sonne zu erfinden und vor mir zu sehen.

Bei den Maisfeldern fällt mir der Hias ein, der gerade sicher die deprimierendste Zeit seines Lebens durchmachen muss. Also gibt es für mich selbst wirklich überhaupt keinen Grund zum Jammern. Ich habe meinen Schatz an meiner Seite.

Am nächsten Nachmittag haben die beiden Ermittler Glück, denn die Arbeitskollegin hat Mariella nicht gewarnt. Das könnte auch am schmucken – wie die Kreuzpointnerin immer sagt – Alex liegen. Vielleicht gönnt sie ihr ja den Pseudo-Datingportal-Treffer. Ich nicht!

Alex ruft mich von unterwegs aus dem Auto aus an, weil er nochmals in die Bank muss, zur Vorstandssitzung.

»Gerhard hat sie gleich beim Reinkommen abgefangen und kraft seines Polizeiausweises in ein Nebenzimmer komplementiert. Ich hab an der offenen Tür aufgepasst, dass keiner lange Ohren bekommt.«

»Wieso habt ihr die Tür nicht zugemacht?«, frage ich verständnislos.

»Damit das kleine Lügenmaul später behauptet, dass sie von uns bedrängt oder Schlimmeres wurde? Nein, Minnie, da muss man echt aufpassen! Und die hat schon kriminelle Energie bewiesen.«

»Du hast völlig recht, Hase. Respekt, dass ihr so weit gedacht habt. Und was habt ihr erfahren?«

»Nach ein bisserl Unschuldsbeteuerungen und Gejammer hat Gerhard ihr die Beweisfotos aus der Disco gezeigt, wie sie mir den Drink in die Hand drückt. Da hat sie dann ausgepackt.«

»Geht es ein bisserl genauer?«

Ich höre den Gerhard im Hintergrund: »Lass sie ruhig zappeln, Alex, das macht sie bei mir auch immer.«

»Wenn du ned dauernd gleich alles weitertratschen würdest, Gerhard, würdest du von mir viel mehr erfahren«, gifte ich zurück.

»Kinder, hört auf zu streiten«, meint Alex lachend und lässt mich vom Zappelhaken. »Sie hat zugegeben, dass der Sepp sie angeheuert hat. Sie sollte mich ködern, indem sie mir von ihm erzählt, weil der weiß, dass mir da der Geduldsfaden schnell reißt. Deshalb bin ich mit ins *Galaxy* gegangen. Und dabei hat sie mir die Tropfen ins Glas getan, woraufhin ich alles vergessen habe.«

»Wofür?«, der Sinn der Sache ist mir nach wie vor unklar.

»Damit ich Streit suche, an einem Ort und zu einer Zeit, wo der Feigling nicht allein ist, sondern seine Spezln dabeihat.«

»Deswegen hast du so übel ausgesehen«, murmele ich geschockt. »Ja, und wir haben ihre Aussage aufgenommen, also kann ich jetzt den Sepp anzeigen.«

Ich schweige, denn es ist bei uns im Bekanntenkreis nicht der übliche Weg, einen anderen anzuzeigen. Das regelt man eigentlich anders, notfalls mit einer Entschuldigung, aber die wird Alex vom Sepp nie bekommen. Dass ich keine Antwort gebe, lässt ihn Falsches vermuten.

»Minnie, ich lass ihn damit nicht durchkommen!«

»Das verstehe ich, Alex. Das sollte er auch nicht – mit der hinterfotzigen Brutalität. Ich hab nur überlegt, ob ihr was rausgefunden habt, was den Sepp mit dem Betrug an Manuels Mutter in Verbindung bringt.«

»Nein, leider nicht. Noch nicht! Denn was er mir gegenüber gesagt hat, um mich auf die Palme zu bringen, konnte er nur wissen, weil er mit drinsteckt.«

»Da fehlen aber weitere Beteiligte. Bei Manuels Mutter waren ja ein Mann und eine Frau als Polizisten uniformiert. Die müssen sich doch finden lassen.«

»Die finden wir, Minnie, da kannst du dich drauf verlassen«, höre ich den Gerhard, bevor Alex das Gespräch beendet.

Toni kommt am Abend vorbei. Sie ist neugierig, was ich von den Datingmöglichkeiten halte, die sie zuhause schon in »unserem« Account angeguckt hat.

Ich erkläre es ihr, und sie lacht herzlich, bis ich auf den Mann ohne Foto komme, den ich so interessant finde. Es kribbelt, und ich will wissen warum, denn ich habe einen Verdacht.

»Oh oh, Minnie, das ist nicht der Sinn der Sache, dass du einen der Typen datest. Es geht nur darum, Verbindungen der Rita aufzudecken. Wenn möglich zu Raven.«

»Schon klar, Toni. Trotzdem will ich wissen, wer das ist. Ich bin mir sicher, ich kenne ihn.«

»Nachad ist es der Sepp, dann sitzt der Alex im Gefängnis, weil er ihn ermorden musste.«

Ich lese ihr langsam, wie einem Erstklässler, vor: »Liebevoll, gerne unterwegs ohne zu viel Anstrengung, geht am liebsten essen, liebt Wasserburg. Um deine Vermutung zu widerlegen: Der Sepp ist sogar zu seinem Hund grob, der kann nicht liebevoll sein. Er strengt sich gern an, das muss man ihm lassen. Wenn man auf Ströme von Schweiß an einem Mann steht, wäre er brandgefährlich. Der Sepp geht zum Wirt im Dorf daheim und sonst traut er keinem Koch. Der glaubt, dass jedes chinesische Restaurant

Hunde verfüttert, der Depp. Und an Wasserburg mag er nur den TSV, das war's.«

Toni nickt. »Du hast recht. Der Sepp ist es nicht, so gut lügen könnte der sowieso nicht. Trotzdem bringt das den Alex auf die Barrikaden.«

In dem Moment ploppt das Fenster auf, in dem der Unbekannte auf meine Fragen antwortet.

»Wasserburg, Lasagne, mutig und farbenfroh (oder meintest du an mir?), Schlangen und daher auch kleine Nager. Wie sieht es aus mit einem Kennenlerndate? Ich weiß, das geht sehr schnell, aber ich glaube, wir könnten schon etwas miteinander anfangen. Muss ja nicht am ersten Abend beim Matratzensport enden – außer du willst.«

Bevor Toni es verhindern kann, schreibe ich »Okay, in zwei Stunden, im *Queens*?«

»Spinnst du?«, kreischt meine Freundin los. Mit viel Engagement wehre ich ihre Finger ab, die versuchen, das Portal zu schließen.

»Sorry, heute ist es zu knapp. Morgen 19 Uhr?«, schreibt der verkappte Sportler.

»Passt. Wie erkenne ich dich?«

»Na, an der Rose im Knopfloch natürlich. Und wie siehst du aus?«

»Ich werde dir auffallen«, gebe ich grinsend zurück und logge mich aus.

Toni ist ganz blass. Ich bin stolz auf sie. So sollte eine Freundin reagieren, wenn man eine tolle Beziehung aufs Spiel setzt. Fairerweise muss ich sie beruhigen.

»Toni, das wollte ich schon immer mal probieren. Und ich schwöre dir, ich bleibe bei Alex.«

»Aber wenn es ihm jemand aus dem *Queens* erzählt. Minnie, das kann so bös enden. Und das hat er auch nicht verdient.«

Ich schaue sie ernst an. Ihre braunen Augen sind kugelrund vor Schreck.

»Toni, vertraust du mir?«

»Ja, schon. Aber trotzdem kann der Schuss nach hinten losgehen …«

»Wird er nicht, ich kläre es mit Alex gleich danach.«

»Das könnte zu spät sein!«

»Abwarten! Und schon mal von Versöhnungssex gehört?«

»Ja, aber nicht nach einem der grandiosen Eifersuchtsanfälle, zu denen er fähig ist.«

Ich habe eine Ahnung, wer der Mann ist, und ich weiß, dass Alex damit kein Problem hätte. Doch solange ich nicht sicher bin, sage ich lieber nichts.

»Und du behältst es für dich!«

Sie nickt sehr zögerlich. Hätte ich viel Geld, würde ich darauf setzen, dass mindestens ein weiteres bekanntes Gesicht morgen im *Queens* in einem der Wohnzimmersessel sitzt.

Der nächste Tag ist erfreulich unspektakulär. Alex ist in der Arbeit und trifft sich abends mit einem Freund.

Ich tippe vor mich hin und kümmere mich ansonsten darum, dass der Kaminkehrer in alle Räume, auf die Treppen, den Speicher und aufs Dach kommt, wo auch immer er hin muss.

Toni ruft zweimal an, um mich von dem Date abzubringen. Beim dritten Anruf lehne ich sie ab, was sehr böse Emojis in unserem Chat zur Folge hat.

Im *Queens* gibt es pfundige Burger, überhaupt hat Wasserburg viele Restaurants, die das »unbayerische« Gericht anbieten. Das liegt vielleicht an der hohen Anzahl an jungen Menschen hier. Immerhin nennt es sich

Schulstadt. Aber diese Burger haben nichts mit Fastfood an sich zu tun. Das ist beinahe ein vollwertiges Menü auf engstem Raum.

Ich werfe mich in eine Thermoleggins und ziehe einen Longpulli darüber, darunter trage ich etwas Hübscheres. Ich bin gespannt, wie sich der Abend entwickelt. Vertraut mir!

Auf dem Weg aus dem Haus gehe ich kurz in die Werkstatt – wieder ist Belle alleine da und lernt. Aus meinem Tierregal hole ich mein Erkennungsmerkmal für mein Date und packe es in meine Tasche.

Draußen geht ein frischer Herbstwind um, und es ist gerade auszuhalten ohne Jacke. Im *Queens* halten sich die Besucher noch in Grenzen. In zwei Stunden ist hier jeder Platz besetzt.

Ich sehe mich um. Eine Gruppe im Alter meiner Mutter hat ihren Spaß an einem größeren Tisch mit Sofas drum herum. Eine Familie isst vergnügt ihre Pommes – also die kleinen Kinder essen. Die Eltern sind damit beschäftigt, die Pommes vom Boden zu klauben.

Die einzigen beiden Menschen, die ich kenne, sitzen an einem Tischlein hinter der Theke und glauben, ich bemerke sie nicht.

Grinsend schlendere ich zur Bedienung und bestelle mir ein Guinness, nachdem ich Toni und Basti zugewunken habe. Ein zögerliches Winken und böse Blicke kommen zurück.

Hinter mir geht die Tür auf, und ich sehe an ihren Gesichtern, dass ihnen der Neuankömmling einen Schock versetzt. Ich drehe mich mit meinem Bier in der Hand um und sage mit meinem besten Verführungsgurren: »Hallo Fremder, bist du mein Date?«

Die Rose, die mir mit einer Verbeugung überreicht wird, ist meine Lieblingssorte: tiefes Apricot.

»Hey, ich hoffe doch. Aber mir fehlt dein Erkennungszeichen.«

»Deine Rose sitzt auch nicht im Knopfloch, Hase«, gebe ich die Beschwerde an meinen Freund zurück und hole eine getöpferte Maus mit einer Rose in der Schnute aus der Tasche und überreiche ihm diese, was mir einen heißen Kuss einbringt.

»Selbst wenn du nicht mein Date bist, würde ich sagen, wir tun so als ob und lassen unsere richtigen beiden Verabredungen auflaufen«, raunt er in mein Ohr, was mir eine Gänsehaut über den Rücken jagt.

»Das wäre grob unfair. Der Typ hat sich so interessant angehört.«

»Minnie, du hast nicht mal auf ein Foto bestanden.« Alex schüttelt fassungslos den Kopf. »Lass mich raten: Genau das hat dich angelockt?«

Ich nicke und meine: »Sollen wir kurz bei Toni und Basti hallo sagen und dann an unseren Tisch gehen?«

Alex hat seinen Freund natürlich auch schon erspäht und nickt. Tonis Gesichtsfarbe ist jetzt eher wutrot, was ihr geringfügig besser steht als blass.

Der Ton ihrer Stimme klingt stocksauer.

»Das war echt gemein, Minnie. Das hättest du mir sagen müssen, dass ihr das ausgemacht hattet.«

»Haben wir nicht, Toni. Aber es war klar: Eine Maxi und Sachbearbeiterin!«, verteidigt mich mein Date und lacht sich schlapp, doch Basti schüttelt den Kopf.

»Das hast du mir nicht verraten.«

Alex merkt, dass Basti ebenfalls an der Geheimniskrämerei zu schlucken hat und erklärt weiter: »Außerdem hat Minnie ein Foto von unserem Radlausflug reingestellt. Mei, Basti, das war eine Sache zwischen mir und meiner Freundin. Ich wollte sehen, wie sie das abwickelt. Wie hast du mich erkannt, Süße?«

»Na ja, der geheimnisvolle Mann ohne Foto – also mal kein Oben-Ohne-Bild mit Sixpack oder Wampn. Er mag kleine Nager. Und dann noch die Erwähnung des Matratzensports.«

Toni meint zögernd: »Ist das nicht für viele dieser Treffen normal? Andererseits bin ich mir gar nicht sicher, ob ich es wissen will …«

»Ich schon«, sagt ihr Freund breit grinsend. »Und das erfahren wir jetzt als Ausgleich für das Zittern um eure Beziehung, das ihr uns zugemutet habt.«

Alex und ich schauen uns in die Augen und beginnen zu lachen.

»Also Alex steht ja gern spät auf …«, fange ich an.

»Du bist ebenfalls kein Frühaufsteher«, kommt es von ihm zurück.

»Das hab ich auch nicht behauptet!«

»Minnie!«, mahnen unsere Freunde zeitgleich.

»Und ich wollte Betten beziehen, was er ja selten macht.«

Alex will wieder etwas einwerfen, aber Basti gibt ihm einen Rempler, damit er schweigt. »Weiter!«

»Ich hab ihn an einem Vormittag einfach nicht aus dem Bett gebracht, alles war abgezogen, außer dem Bettlaken, das um ihn herumgewickelt war. Also hab ich ihm Matratzensport angeboten, und sofort war er wach und bereit.«

»Und?«, fragt Toni misstrauisch.

»Na ja, Minnie konnte das Laken ab- und die Betten neu beziehen, und ich hab ihr geholfen, da kommt man schon ins Schwitzen, sag ich euch«, fügt Alex mit todernster Miene hinzu, was mir einen Lachkrampf beschert.

Toni sieht ihren Freund an und meint richtig biestig: »Basti, die verarschen uns doch die ganze Zeit. Und so was nennt sich Freunde.«

Ich habe inzwischen einen Schluckauf vom Lachen.

»Entschuldige, Toni, aber es ist echt sportlich geworden.«

Alex sagt an Basti gewandt, mit einem leidensvollen Ausdruck auf dem Gesicht: »Kannst du dich erinnern, wie ich mir vor zwei Jahren den Rücken gezerrt hatte?«

»Ja, und das war vom Bettenabziehen?«, fragt der kopfschüttelnd.

»Unter anderem! Ich hab ihr geholfen, nachdem ich schon mal wach war. So eine Hinterlist. Ich dachte natürlich wie ihr, Minnie meint mit Matratzensport etwas ganz anderes. Und das habe ich als Ausgleich gefordert, aber sie war zickig, weil ich so lange nicht aufgestanden bin, und na ja …«

Die beiden schauen ihn fragend an und warten.

»Jetzt musst du es fertig erzählen, du hast darüber in dem Portal geschrieben«, fordere ich, und er gibt seufzend nach. Das braucht es auch, denn Toni und Basti sind echt an der Grenze zum »Eingschnappt-Sein«.

»Ich hab Minnie durch die Wohnung verfolgt, bin über den Badvorleger gestolpert und in die Badewanne geknallt. Und dabei hab ich mich verletzt.«

»Er hatte blaue Rippen, glücklicherweise war nichts gebrochen. Ich bin halt kleiner und flinker«, verteidige ich mich beinahe. Alex hatte damals wirklich Schmerzen, vor allem beim Lachen. Denn er konnte sich der Komik in dieser Situation nicht verschließen, obwohl jedes zweite seiner Worte »Aua« war. Das Bild von ihm in der Badewanne, auf seinem Kopf den staubigen Läufer, der sich nach einem Salto in der Luft dort niedergelegt hatte, das bekomme ich nie wieder aus dem Kopf. Und das Wort

»Matratzensport« ist für uns beide seither mit dieser Szene vorbelegt.

»Bei dem Wort im Zusammenhang mit allem anderen war mir völlig klar, dass es sich um Alex handeln muss«, schließe ich das Kapitel Blind Date ab. Denke ich, aber natürlich ist für Alex das Thema noch nicht gestorben.

»Warum hast du dich eigentlich angemeldet? Und hast du noch andere Dates ausgemacht?« Der Ton ist misstrauisch, und unsere Freunde lachen in ziemlich hämischem Ton, als ich etwas zögerlich erwidere: »Recherche halt. Nein. Und du?«

»Und hier wären wir an dem Punkt, an dem ihr euch einen anderen Tisch suchen könnt«, ist Bastis Vorschlag, und Toni fügt mit hochmütiger Miene hinzu: »Ihr seid ja nicht eifersüchtig, weil alles an dem Thema klar ist. Und falls doch, wollen wir nicht reingezogen werden. Diesmal seid ihr echt selbst schuld. Also husch, husch.«

»Wir wollen nämlich einen romantischen Abend verbringen!«

Alex guckt ein bisserl verdutzt drein und ich vermutlich ebenso.

»Na klar, wir wollen euch nicht euer Date vermasseln, und Minnie und ich lernen uns jetzt mal richtig kennen.«

Das klingt fast drohend, und so folge ich ihm mit einem beinahe erfreuten Gänsehautfeeling zu einem Tisch im hinteren Teil des Lokals. Höflich schiebt er mir den Stuhl zurecht, und ich nehme Platz. Maus und Rose stehen auf dem Tisch, und Alex schlägt vor: »Wir suchen uns erst mal etwas aus, und ich geh dann vor und bestelle, oder?«

Damit bin ich einverstanden, denn der Hunger nagt allmählich.

Es wird ein schöner Abend. Wir versuchen, das Erste-Date-Feeling noch aufrechtzuerhalten, doch es funktioniert nicht lange. Und bald lachen wir, als wir uns erzählen, wie wir die Accounts angelegt haben. Alex hatte Probleme, weil er eben kein Bild hochladen wollte.

»Ich wollte nur Bilder von Mariella suchen und nachsehen, ob ich Sepp finde. Stattdessen stoße ich auf dich mit deiner Beschreibung, die so gar nicht gepasst hat.«

Einen Moment später fügt er hinzu – mit zusammengezogenen Augenbrauen. »Erst war ich stocksauer, hatte schon das Handy in der Hand, um dich anzurufen. Aber dann habe ich überlegt, dass du mir das nicht antätest. Und in dem Augenblick ruft Basti an und druckst so seltsam herum: Was ich darüber dächte, wenn einer in einer glücklichen Beziehung ist und trotzdem aus Neugier Dates ausmacht. Da war mir sofort klar, dass du mit Toni am Werk warst. Und ich konnte nicht widerstehen.«

»Was hast du gefühlt, als ich dein Angebot angenommen habe?«, will ich neugierig wissen. Er grinst, nimmt meine Hand und küsst sanft meine Handfläche. »Dass du mich erkannt hast. Oder gab es einen Zweifel bei dir?«

Ich schüttele den Kopf und lächele. »Nein, es hat einfach alles gepasst. Wäre natürlich blöd gewesen, wenn es noch einen wie dich gäbe, der heute erschienen wäre.«

Er lacht und sieht mich beinahe verträumt an. »Es gibt weder noch einen wie mich noch eine wie dich, Minnie-Maus.«

Da hat er völlig recht, und wir verlassen das *Queens* nicht allzu spät. Und auch wenn es kein Versöhnungssex ist, der ja nicht nötig ist, weil wir keinen Streit hatten, wird es noch wirklich nett zuhause.

Fäden und Knoten

Am nächsten Morgen geht es mit neuen Erkenntnissen Schlag auf Schlag. Ich bin eben zu Belle gegangen, um ihr das Foto von Rita-Nightkiss, also Ritas Accountfoto, zu zeigen und zu fragen, ob sie sich an die Frau erinnert. Irgendwie muss man doch die Gothiclady mit ihrem ungeschminkten Äußeren in Einklang bringen können.

Während das Mädchen stirnrunzelnd auf das Foto schaut, ruft Lothar an.

»Minnie, ich habe endlich den Namen des Betreibers der Datingplattform gefunden. Das hat so lange gedauert, weil kein Impressum auf der Website vorhanden war und sich der Betreiber hinter einer Gesellschaft verborgen hat, die wieder ihre Finger in einer anderen hatte, und so weiter. Es ist also alles ziemlich verwickelt. Aber nun ist es sicher. Der Mann ist in Frankfurt gemeldet und heißt Reiner Kellberg. Ich schick dir sein Foto. Die Kollegen vor Ort fahren zur angegebenen Adresse und befragen den Mann. Ob der allerdings etwas zu einzelnen Accounts weiß, wage ich zu bezweifeln. Andererseits sind auf dieser Seite so viele seltsame Verknüpfungen, die aus Datenschutzgründen nicht sein sollten – mal abgesehen von den vielen Personen aus unserem Fall, die sich zufällig alle genau dort registriert haben. Das ist schon ungewöhnlich. Der zuständige Staatsanwalt hat einen richterlichen Beschluss zur Herausgabe aller relevanten Daten beantragt. Den habe ich den Frankfurter Kollegen übermittelt, damit sie diesen an Herrn Kellberg aushändigen.«

»Ich glaube auch nicht an solche Zufälle. Reiner Kellberg sagtest du?«

»Genau, das Foto ist unterwegs.«

In dem Moment macht mein Handy »pling«, und gleichzeitig höre ich ein Keuchen, das aus Belles Richtung kommt. Ich blicke auf und sehe erschrocken, dass sie leichenblass ist.

»Belle? Susa? Alles in Ordnung? Hast du die Frau erkannt?«, frage ich und packe sie am Arm. Sie gibt mir keine Antwort, sondern fragt stattdessen: »Was ist mit Reiner Kellberg?«

»Du kennst ihn? Woher?«

Sie schluckt und beginnt zu zittern. »Was ist mit ihm?«, wiederholt sie stur, und ich überlege, was ich sagen darf und sollte.

»Er ist möglicherweise ein wichtiger Zeuge«, umgehe ich eine genauere Auskunft und hake nach. »Die Polizei sucht nach ihm, also falls du was von ihm weißt, solltest du das sagen.«

Sie schaut zum Fenster hinaus auf die Straße, die soeben die ersten Sonnenstrahlen an diesem Tag abbekommt. Aber ich habe den Eindruck, dass sie etwas anderes vor sich sieht.

»Susa! Was ist los? Hast du Probleme mit dem Mann? Kann ich dir helfen?«

Sie lacht, und es klingt zynisch. »Warum glaube ich dir nicht, wenn du sagst, dass er als Zeuge gesucht wird? Hat er etwas Schlimmeres getan?«

Sie hebt das Foto hoch.

»Sie hier kenne ich. Sie war mehrmals hier im Laden, auch bei der ›Musik der Nacht‹. Sie kennt Raven auf jeden Fall. Und du sagst, sie ist jetzt tot?«

Ich nicke vorsichtig. Susa macht den Eindruck, als fügten sich in ihrem Kopf eben viele Puzzleteilchen zu einem vollständigen Bild zusammen. Hoffentlich teilt sie dieses mit mir.

»Sie hat einen Freund von mir über ein Datingportal kennengelernt, die beiden wollten bald heiraten. Und dieser Kellberg betreibt das Datingportal.«

»Sie ist die Tote aus dem Maisfeld?«

»Ja, genau. Was weißt du von ihr? Und wer ist dieser Reiner Kellberg?«

Susa – ich mag sie nicht mehr Belle nennen, denn ich glaube, sie taucht gerade aus dieser Welt auf – geht zu ihrer Tasche und holt ihr Handy hervor. Nun zittere ich beinahe – vor Aufregung. Sie hält mir das Display hin und scrollt durch Fotos, die sie mit Raven zeigen, mal schwarzhaarig und geschminkt, mal dunkelblond und ungeschminkt – also er, sie ist immer schwarzgelockt mit dunklen Augenrändern.

Ich erinnere mich, dass ich ein Bild von Lothar bekommen habe und öffne meine Nachrichten. Das Bild des Cyberspezialisten aus Rosenheim zeigt einen ungeschminkten Mann: Raven ist auf jeden Fall Reiner Kellberg!

Wir schauen uns einen Moment schweigend an, dann atmet Susa zittrig ein. »So ist das wohl, wenn man merkt, dass alle recht hatten. Ich bin einem Betrüger aufgesessen.

Er hat nie ein Wort gesagt, dass er ein Datingportal betreibt. Wie heißt es denn?«

»*Love-is-all-around-you-dot-com.*«

Nun wird ihr blasses Gesicht rot. »Also hat er auch Jonas dazu gebracht, sich dort nach anderen Mädchen umzusehen.«

Das ist wirklich hinterfotzig. Und ich merke, dass ihr Jonas alles andere als egal ist. Sie gruschtelt ein bisschen in ihrem Geldbeutel und überreicht mir entschlossen ein richtiges Foto aus Papier von Reiner-Raven.

»Für eure Ermittlungen! Und ich will euch helfen – undercover!«

»Äh, ja, gut, ich geb es der Polizei weiter. Aber Susa, wenn er was mit dem Tod von Rita zu tun hat, ist er wahrscheinlich echt gefährlich. Und ich will nicht, dass dir etwas passiert.«

»Kann die Polizei ihn nicht gleich festnehmen? Sind das nicht genug Beweise?«

»Keine Ahnung, was die Spurensicherung gefunden hat. Da fragen wir mal am besten den Gustl.«

Doch der weiß auch nichts Neues. Leider kann uns unsere Undercover-Bewerberin das Wichtigste nicht mitteilen: wo sich nämlich Reiner-Raven aufhält. Sie hat ihn schon seit gestern nicht mehr gesehen. Dabei fällt ihr auf, dass sein Laptop fehlt. Hat der Schurke Lunte gerochen und sich aus dem Staub gemacht?

Dann habe ich einen jubelnden Alex am Telefon, der mir erzählt, dass die Untersuchung von Ritas Account durch die Cybercrime-Profis in Frankfurt noch einen Bekannten zutage gefördert hat: Sepp Hohenwarter. Hat Alex tatsächlich so viel Dusel, dass sein Erzfeind genauer von der Polizei unter die Lupe genommen wird? Ich will nicht, dass er sich in etwas verrennt.

»Aber Hase, warum sollte denn der Sepp die Rita umbringen? Nur weil du das gerne hättest – also ihn als Täter – muss es doch ein Motiv geben«, wende ich vorsichtig ein, aber er lässt sich seine Hochstimmung nicht vermiesen.

»Das gilt für Raven genauso, den du gerne als Täter hättest.«

Auch wieder wahr!

»Immerhin hat er ihr gedroht – dafür gibt es Zeugen«, fällt mir ein. Das Gespräch, das die *Eventers*, Mikey und Steven, zwischen Raven und der »Mords-Goschn« belauscht haben. In dem hatte Raven ihr gedroht, *»sie könne sich nicht einfach davonmachen und ihn mit allem sitzen lassen. Und dass sie das einen Haufen kosten würde«.*

Nun meint Alex zögernd: »Auch wieder wahr.«

Tja, so kann es gehen: Jetzt haben wir zwei Unsympathen, denen wir es zutrauen würden. Doch weder für die Schuld des einen noch für die des anderen gibt es genügend Beweise.

Und wie war das gleich wieder mit dem »Wenn sich zwei streiten ...« Vielleicht gibt es doch einen Dritten – den berüchtigten großen Unbekannten?

Dann fällt mir etwas ein: Manuels Mutter hat zwar den Sepp nicht identifizieren können, aber mal schauen, wie es mit Raven aussieht.

Susa begleitet mich, schminkt sich vorher jedoch ab.

Kaum ist die dunkle Aura weg, wirkt sie viel jünger. Die Augen blitzen – sie ist wohl wirklich sehr wütend über Reiner-Ravens Betrug.

Ich lächle sie an, und sie strahlt zurück. »Besser?«

»Viel besser«, erwidere ich ehrlich. »Du bist wunderhübsch, Susa.«

Sie lacht laut auf, und es klingt richtig glücklich. Ich glaube, da steht demnächst eine Lebensveränderung an.

Irmgard Hell, Manuels Mutter, hat sich von dem Schock über den Betrug offensichtlich erholt, dennoch wird ihr Blick traurig, als wir sie auf das Thema ansprechen.

»Was mich am meisten zur Weißglut bringt, ist, dass ich darauf reingefallen bin. Ich komme mir so dumm vor!«

»Es waren zwei Personen, die wie richtige Polizisten aussahen. Und sie wurden von einer weiteren Person angekündigt. Da sind Sie sicher nicht die Einzige, der das passiert ist«, versuche ich, sie zu trösten.

»Das passiert mir so nicht mehr!«, sagt sie entschieden. Ihr vielleicht nicht, aber vielen anderen, weil es so viel kriminelle Energie bei Menschen ohne jedes Rechtsbewusstsein gibt. Denen geht es einerseits ums Geld und andererseits um den Kick, dass sie es schaffen, andere hinters Licht zu führen und davonzukommen. Die Folgen für die Betrogenen interessieren sie nicht. Als wäre es ein gutbezahlter Sport oder ein Spiel.

Für mich ist das kaum zu begreifen. Neulich wurde wieder von Fällen in der Zeitung berichtet – unglaublich, aber wahr: Da riefen solche Hundskrippeln bei Senioren an und erzählten diesen, dass Tochter, Sohn oder Enkel an einem Verkehrsunfall mit Todesfolge verwickelt wären. Eine fünfstellige Summe wäre nötig, damit sie nicht ins Gefängnis müssten. Man muss sich die Aufregung für die armen Leute mal vorstellen. Die drücken natürlich gerne einem freundlich-autoritär auftretenden Pseudo-Polizisten an der Gartentür ein paar Tausend Euro in die Hand, der damit dem geliebten Menschen angeblich helfen will. In einer solchen Situation fällt einem das logische Überlegen einfach schwer. Und diese Typen wissen genau, wer Geld oder Schmuck daheim hat!

Susa und ich bekommen einen Tee, der guttut, denn draußen ziehen gerade dunkelgraue Wolken auf. Bis ganz an den hintersten Horizont!

Dann zeigt Susa Manuels Mutter das Foto von Reiner Kellberg, und ich kann eben noch ihre Tasse auffangen, die bedenklich wackelt, als Irmgard Hell aufspringt.

»Das ist der Polizist an der Tür. Das ist er! Ganz sicher!«

Susa wird wieder blass, während ich Frau Hell zum Hinsetzen überrede, weil die vor lauter Aufregung zu zittern beginnt.

Ich greife schon zu meinem Handy, um Gerhard und Lothar zu informieren, da fällt mir noch etwas anders ein:

»Es war doch auch eine Frau dabei, oder?«

»Ja, ein bisserl füllig, rote Haare.«

»Hat sie was gesagt?«

»Nur, dass ich mich nicht aufregen muss, weil sie ja da sind und mir helfen.«

»Können Sie sich an ihre Stimme erinnern?«

Sie überlegt einen Moment, dann schüttelt sie den Kopf.

»Nein, sie sprach sehr leise. Und ich dachte noch, wie nett sie ist.«

Nun weint sie. »Meinst du, ich bekomme von dem Geld etwas zurück, Minnie?«

»Das weiß ich nicht, aber jetzt melden wir das mal. Je eher die Polizei den Kerl festnehmen kann, desto größer ist die Chance, würde ich sagen.«

Zuerst informiere ich Gerhard, der zwei Streifen zu »meinem« Haus schickt, als er hört, dass Reiner-Raven dort wohnt. Traudl wird begeistert sein!

»Gerhard, er sieht nicht so aus wie auf dem Foto, sondern hat schwarze Haare und ist geschminkt.«

»Ist das einer von den Kasperln, wie der Gustl sagt, die bei dir ein und aus gehen?«

»Ja, nur ist er nicht so lustig wie der Kasperl.«

»Er war heute Nacht nicht bei mir«, sagt Susa leise, was ich Gerhard weitergebe. »Vermutlich hat er noch woanders eine Unterkunft oder ist nach Ritas Ermordung nach Frankfurt abgehauen.«

Das wäre ein Schuldeingeständnis!

Dann schreibe ich Lothar eine kurze Nachricht, für den Fall, dass Gerhard so schnell ausrückt, dass er es vergisst.

Lothar ruft mich zurück, er ist auf der Spur des Geldes.

»Frag doch bitte das Mädchen mal, wie die Miete gezahlt wird. Ob von seinem Konto oder von ihrem?«

Natürlich zahlt Susa die Miete.

»Und wohin gehen eure Geschäftseinnahmen?«, frage ich.

»Auf das gleiche Konto. Raven … Reiner ist allerdings zugriffsberechtigt.«

»Gibst du Lothar die Kontoverbindung? Vielleicht hilft das weiter«, bitte ich sie, erstaunlicherweise zaudert sie jedoch ein wenig.

»Hoffentlich stimmt alles auf dem Konto. Um die Steuersachen hat er sich auch gekümmert.«

Ich verstehe ihre Sorge, aber Lothar beruhigt sie. »Ich bin nicht von der Steuerfahndung. Außerdem habt ihr mit dem Laden ja erst angefangen, da sind bestimmt noch kein Fristen verwirkt.«

Susa schluckt trotzdem. Sie wird schon wirklich hart auf den Boden der Realität zurückgestoßen, die Arme.

Außer der Polizei ist natürlich die Kreuzpointnerin vor dem Laden anwesend.

»Mei Minnie, gut dass du da bist. Ich hab vorsichtshalber die Traudl angerufen, weil ich mir solche Sorgen um dich gemacht hab. Du bist gefährdet, weil du immer Mitleid mit so einem Gesindel hast.«

Bei den Worten schaut sie Susa an, erkennt sie offensichtlich aber ohne Schminke nicht und grüßt freundlich.

Meine Mutter ruft lieber erst einmal mich an: »Arminia, was ist denn schon wieder los?«

»Die Polizei forscht nach deinem Mieter, der vermutlich derjenige ist, der bei Manuels Mutter abkassiert hat.«

Kurzes Schweigen am anderen Ende. Es folgt ein tiefer Seufzer: »Das kann doch nicht wahr sein! Ist Susa darin verwickelt?«

»Nein, sie wusste nichts davon und hilft der Polizei sogar.«

»Langsam glaube ich, dass auf dem Laden ein Fluch liegt. Ich muss mal die Planetenkonstellationen prüfen, was ich da machen kann«, höre ich noch ihr Murmeln, dann das Besetztzeichen.

So kommt Alex bei mir durch, und ich erlebe ein Déjà-vu: »Minnie, was ist denn schon wieder los?«

Nach meinem Kurzbericht entscheidet er: »Ich komme gleich rüber. Wir müssen reden.«

Er ist binnen zwei Minuten da, und wir gehen mit Susa hinauf in meine Wohnung. Die Polizei verkrümelt sich und lässt einen Mann zur Beobachtung des Ladens da, dem ich meine Werkstatt als Undercover-Location anbiete.

Wir kochen uns Nudeln mit Pesto, die Alex mit einem gemischten Salat aufpeppt, denn Pesto ist nicht so sein Ding.

Ich galoppiere mit einem Teller – schnell, damit er warm bleibt – in die Werkstatt und versorge den Wachposten, der Marinus heißt.

Auf ein längeres Gespräch über Alpakas, die zuhauf auf dem Tisch herumstehen, -liegen und -grasen lasse ich mich nicht ein, denn sonst werden meine Penne kalt. Oder sind verspeist!

Wir fassen alles nochmals zusammen, unterstützt von Gerhard und Gustl, die mit Leberkässemmeln und Bier aufgetaucht sind. Alex lächelt ein überglückliches breites Buddhalächeln, und ich habe auch noch Penne für morgen und wahrscheinlich auch noch für übermorgen.

»Also Raven und Rita haben die Frau Hell betrogen«, fängt Gerhard an.

»Der Sepp kennt die Rita von dem Datingportal«, setzt Alex hinzu, damit die Spur zu Sepp ja nicht kalt wird.

»Raven gehört das Datingportal«, fügt Susa mit grimmiger Miene hinzu.

Ich hole mir einen Zeichenblock mit einer großen Giraffe darauf – alle grinsen.

»Was? Die Zeichenblöcke für Kinder reichen mir für meine Entwürfe. Ich bin ja keine Ölmalerin«, meine ich, mich verteidigen zu müssen.

»Sieht einem Alpaka ähnlich«, lästert Gerhard.

»Für einen, der nur kurz hinschaut, zumindest ähnlicher als einem Schwein oder Elefanten«, gebe ich zurück.

Gustl hebt die Hand und fährt fort: »Rita kennt den Kellberg vom Datingportal. Und den Sepp auch!« Gustl ist froh, dass er endlich einen anderen Namen sagen kann, denn »Raven« hat er ja immer schon »saublöd« gefunden.

Ich schreibe die Namen auf den Block: In die Mitte kommt Raven. Alex macht hektisch Zeichen, denn reden geht gerade schlecht. Ich weiß, was er will: Er hätte gerne

Sepp in der Mitte stehen. Ich schüttele lieb lächelnd den Kopf. »Ich mach schon, Hase, iss du dich nur mal richtig satt mit dem Männeressen!«

»Willscht was?«, versucht er, mich grinsend zu bestechen, und hält mir das mickrige Resterl der Semmel hin. Wohlwissend, dass seinem Essen keine Gefahr von mir droht. Ich mag ab und zu auch eine Leberkässemmel – so ist es ja nicht, das gebe ich zu – aber zweimal im Jahr reicht. Und die beiden Semmeln hatte ich heuer schon – schön mit Abstand – eine im Mai und eine im August. Außerdem geht es jetzt ums Prinzip der verschmähten Penne!

Gerhards Telefon klingelt, und weil er beide Backen voller Leberkäs hat, gibt er es mit Senffingern an Gustl weiter.

Der ekelt sich kein bisschen, atmet tief genussvoll den Duft ein und geht ran. »Lothar, servus. Gibt's was Neues? Naa, der Gerhard ist schon da, der sitzt neben mir und isst.«

Die Erklärung hebelt jeden Datenschutz aus, und Gustl erfährt nun offensichtlich Neuigkeiten. Er murmelt kryptisch vor sich hin, in vollem Bewusstsein, dass er uns damit auf die Folter spannt. Also mich und Susa, denn Alex und Gerhard sind mit Kauen beschäftigt.

»Hm, wirklich? Ach so ja. Ja, das ist seltsam.«

Schließlich legt er auf. Ich schaue ihn auffordernd an, aber er weist auf die beiden schmatzenden Vielfraße. »Warten wir auf sie.«

»Warum? Weil die nur entweder essen oder denken können?«, frage ich erbost, und Susa nickt heftig.

Ich schiebe Gustl den Block hin. »Wenn du jetzt übernehmen willst, dann kannst du ja die Falltafel fortführen.«

Er zuckt zusammen, denn Malen kann er weitaus schlechter, als ich in einer engen Tiefgarage einparken.

Der Block kommt zu mir zurück, und er fängt an zu berichten: »Lothar hat Kellbergs Konto entdeckt und mit Genehmigung der Staatsanwaltschaft weitergeforscht.«

»Wie hat er es denn gefunden?«, frage ich erstaunt, und Gustl wirft einen nachdenklichen Blick auf Susa. Er überlegt einen Augenblick, dann fällt die Entscheidung zu ihren Gunsten. Oder er will einfach nur gern erzählen, was er weiß.

»Der Kerl hat die erste Miete für den Laden auf Susas Konto überwiesen. Damit hatte Lothar die erste Kontoverbindung. Zwei ermittelte Konten später – der Kellberg hat probiert, das zu verschleiern – hat er Einzahlungen gefunden. Das Konto gehört einem Reiner Rabe. Völlig unterschiedliche Beträge, zwischen 500 und 14.000 Euro. Und zu unregelmäßigen Zeiten hat er immer zweimal genau den gleichen Betrag an zwei andere Konten überwiesen. Lothar versucht jetzt herauszufinden, wem die gehören.«

Man hört direkt, wie sich die vielen Rädchen in den anwesenden Köpfen drehen.

»Gut, wir wissen also, dass er viele Einnahmen hatte«, meint Gustl nachdenklich.

»Und vielleicht, dass er zwei Komplizen bezahlt hat?«, frage ich und springe damit drei Schritte weiter. Ich kann fix sein, wenn ich will. Nur hetzen lass ich mich nicht! Die Rädchen verstummen, die Gesichter wenden sich mir zu.

Gustl grinst und sagt: »Wir haben noch was: Die letztdatierte Einzahlung kam am Tag nach dem Betrug an Manuels Mutter auf das Konto – 6.322 Euro. Das wäre genau der Betrag, der von Frau Hell gestohlen wurde.«

Alex nimmt uns jetzt ein bisschen den Wind aus den Segeln. Immerhin kennt er sich ja mit dem Thema aus.

»Vorsicht – beweisen lässt sich das so nicht. Denn es kam ja nicht direkt von ihrem Konto auf das von Raven. Und es müsste per Blitzüberweisung über drei Konten gelaufen sein. Das ist theoretisch möglich, das muss Lothar prüfen. Über die Staatsanwaltschaft werden alle beteiligten Banken aufgefordert, die Umsätze der involvierten Konten herauszugeben. So können dann die Kollegen der Wirtschaftsabteilung den gesamten Geldfluss zurückverfolgen und die Beziehungen der einzelnen Konteninhaber herausarbeiten.«

»Aber die Wahrscheinlichkeit …«, erwidere ich erbost.

Gustl nickt, er ist meiner Meinung. »Die Wahrscheinlichkeit, dass Raven seine Finger im Betrug hat, ist sehr groß. Aber wir wollen wissen, ob er auch ein Mörder ist.«

Susa zuckt so heftig zusammen, dass es jeder der Anwesenden bemerkt und sie mitleidig anschaut. »Alles gut!«, winkt sie ab.

»Vielleicht war das ja doch eher Sepp. Wer jemanden mit K.-o.-Tropfen so in die Falle lockt …«, ist wieder Alex mit seinem Einwand da, und Susa lächelt erleichtert. Ich verstehe sie, es ist eben doch ein Unterschied, ob der Ex ein Betrüger oder ein Mörder ist. Am liebsten wäre mir der dritte Mann, denn einen Wasserburger Fußballfan sehe ich nicht so gern als Mörder. Alex hin – Gerhard her.

Gustl geht gar nicht darauf ein. »Wir müssen abwarten, ob Lothar den Weg findet, den das Geld von Frau Hells Konto bis auf das von Kellberg genommen hat. Insgesamt sind auf seinem Konto 78.000 Euro.«

Wir überlegen schweigend in der großen Runde, unterbrochen von kleinen Schmatzern und dann einem

Rülpser von Gerhard, der sich gewaschen hat. Susa starrt ihn entsetzt an. Ich schüttle den Kopf, öffne das Fenster und lasse den Bier- und Fleischgeruch auf den schon wieder nebligen Inn entfliehen.

So kommen wir nicht weiter. Genau in dem Moment, in dem ich das denke, spricht es Alex aus.

Er schaut Gerhard an: »So kommen wir nicht weiter. Wir fragen morgen noch mal die Mariella aus. Vielleicht hat sie was mitbekommen.«

»Oder Raven mit Sepp gesehen.«

»Wer ist Mariella?«, fragt Susa genervt. Ja, das ist sicher nervig, wenn man vom eigenen Freund so viel im Nachhinein erfährt.

»Das ist ein Mädchen, das Alex mit einem K.O.-Drink dazu gebracht hat, zuerst auf Sepp loszugehen und dann rechtzeitig zusammenzuklappen, dass dem Deppen nicht allzu viel passiert ist«, resümiere ich, und Alex zuckt zusammen: »Also ich hab ihm schon ein paar Ordentliche verpasst, Minnie, trotz des hinterfotzigen Drinks.«

»Natürlich, Hase«, sage ich süffisant, denn meinetwegen muss er nicht mehr diese Mariella-Schnepfe befragen. Wer weiß, was sie ihm und dem sowieso leicht beeinflussbaren Gerhard alles an Bären aufbindet. Wahrscheinlich einen Grizzly mit Doppelnachwuchs. Aber gegen die Seppomanie komme ich nicht an.

Schließlich machen sich alle aus dem Staub.

Susa schläft unten – wie seit ihrem Einzug –, bewacht von Marinus, falls Raven-Reiner doch nochmals aufkreuzt, was keiner von uns glaubt.

Es ist Samstag, trotzdem sind wir früher wach als sonst. Über dem nebligen Inn schaut gerade die Sonne raus. Das ist mir noch nicht genug Sonne, beschließe ich und kuschle mich an einen warmen Körper, der daraufhin sein Schnarchen einstellt. Alex freut sich, dass ich noch bei ihm bleibe. Sehr sogar!

Ein Stündchen später scheint die Sonne dann auf meinen Küchentisch. Wir lassen uns Zeit, trinken Kaffee und machen uns über das gute Brot aus der *Backstube* her. Ich bin minimalistisch eingestellt, was die Tischkultur angeht, wenn wir zu zweit sind.

Ist allerdings Besuch da, arrangiere ich schon gerne den Wurst- und Käseaufschnitt auf Servierplatten – die habe ich von Gustls Anna geerbt – garniere mit Cocktailtomaten und Trauben und stelle Semmeln und Brezen in hübschen Körbchen bereit.

Alex wollte mir einmal einen Dekokurs für Essen schenken. So mit Schwänen-aus-Karotten-Schnitzen und so. Ich hab es ihm glatt abgekauft, doch in Wirklichkeit hat er mich auf den Arm genommen. Was mir eigentlich hätte klar sein müssen, denn er hasst es ja bereits, wenn ich Wurst und Käse aus der Verpackung nehme. Er sieht sich zudem überfordert, sobald ich ihn darum bitte, es nach der Mahlzeit wieder in den Kühlschrank einzuräumen – sagt er zumindest.

Doch seine größte Angst ist, dass alles verderben könnte.

»Minnie, du siehst sie nicht, aber es sind überall Sporen in der Luft. Die warten nur darauf, in halb offene Streichkäseschachteln zu kriechen oder sich auf die Salamischeiben zu legen.«

Toni und Basti haben sich bei einem gemeinsamen Frühstück – nach der ersten Sekunde der Überraschung – fast auf dem Boden gekringelt. Was sie bereut haben. Denn Alex kann sehr ausführlich dozieren, wenn ihm etwas wichtig ist, egal wie unsinnig ein Thema ist. Es war ein langes, langes Frühstück, das kann ich euch sagen.

Sind wir nur zu zweit, verzichte ich also lieber auf einen hübsch gedeckten Tisch. Die Meerrettichaufstrichdose wird nur kurz geöffnet, quasi für den Moment des Messerein- und -ausführens. Ebenso verfahren wir mit der Wurstdose.

Aber heute haben wir – also Alex – ein weiteres großes Problem: Die Sonne scheint genau auf den Tisch: auf Wurst und Käse, Aufstrich und Milch, Obst und Brot, und das Müsli im Karton.

Als Alex diesen Umstand bemerkt, fängt er an – während er mir eine Anekdote aus der Arbeit erzählt –, die Sachen zu verrutschen. Das macht er ganz in Gedanken so lange, bis Milch, Wurst und Käse ein schattiges Plätzchen hinter der Müslischachtel gefunden haben. Das dauert, da finde ich ja schneller ein Teil in einem Tausenderpuzzle!

Ich sehe ihm schweigend zu, bis er meinen Blick irgendwann registriert. Mein Grinsen bringt ihn dazu, sich zu verteidigen: »Was denn? Die Temperaturen im Altweibersommer sind nicht zu vernachlässigen. Die Pilze warten nur darauf, sich in der Wärme zu entwickeln.«

Ich winke ab und verziehe keine Miene. »Kein Problem, Hase. Ich bin dir dankbar, dass du unsere Lebensmittel rettest.«

Er schaut mich misstrauisch an – zu Recht. Ich gebe ihm eine neue Aufgabe: »Ups, entschuldige, du hast den Meerrettichaufstrich übersehen. Er stand hinter dem Brotkorb in der Sonne.«

Alex entreißt mir die Plastikdose und stellt sie hinter die Milch. Das klappt nicht gleich. Ein bisschen Hierhinrücken und Dahinschieben – jetzt passt alles. Und ich kann nicht anders als den Kopf zu schütteln. »Du weißt aber schon, dass andere mit solchen Zwangsneurosen irgendwann in *Gabersee* landen?«

Er verweigert die Antwort und schlägt vor meiner Nase demonstrativ die Zeitung auf.

»Wollt ihr wirklich nachher nach Ostermünchen fahren?«, frage ich nach und erhalte von der Zeitung ein grummeliges »ja, freilich.«

»Wann denn?«

»Um elf.«

»Dann mache ich mich mal fertig und schau zu Susa runter. Vielleicht mag sie noch ein bisserl was frühstücken.«

Sein entsetzter Blick folgt mir, als ich kichernd ins Bad verschwinde.

Wir verlassen die Wohnung zusammen, und ich bekomme noch einen Kuss, bevor er vor dem Haus bei Gerhard ins Auto steigt.

Als ich das »Mystic Princess« betreten will, kommt mir Marinus entgegen. »Guten Morgen, Minnie. Ich hab gerade den Befehl zum Abrücken gekriegt. Aber sie ist eh nicht allein.«

Ich erschrecke. Doch wenn Raven da wäre, würde Marinus ja nicht gehen. Er zwinkert mir zu.

»Ist wohl ihr Freund. Der ist gestern Abend noch aufgetaucht.«

»Okay«, meine ich zögernd. »Dann ein schönes Wochenende.«

»Dir auch, servus.«

Es sind Jonas und Susa, die offensichtlich nicht mit mir gerechnet haben, so heftig wie geknutscht wird.

»Wir sind wieder zusammen«, erklärt mir eine freudestrahlende Susa völlig überflüssigerweise. Trotz aller Liebe, die ja eigentlich nicht hungrig macht, nehmen sie meine Einladung zum Frühstücken an.

Die beiden verstehen sich gut. Sie sind ein echt nettes Paar. Ich vermute mal, dass Jonas ihr, nachdem sie Raven getroffen hatte, kurzzeitig zu harmlos und nerdig erschienen ist. Aber Susa hat ihren Irrtum wohl begriffen und will ihn wiedergutmachen.

Ja, gelegentlich wirken solche Irrwege Wunder und zeigen den richtigen Pfad. Vielleicht sollte jedes Mädchen mal einen »gefährlichen« Mann geliebt haben, um zu erkennen, was ihr wirklich Glück bringt. Wie gut, dass ich Alex habe: gutaussehend, klug und gefährlich (wegen der Neurosen und der Seppomanie). Gut, manchmal etwas nerdig (siehe Vorträge zu Pilzen und Sporen), aber sexy und mit reichlich Humor gesegnet. Und vor allem mit Minnie-Verständnis. Ich hatte ja vor ihm auch schon Erfahrungen gesammelt, aber die waren relativ kurz und bedeutungslos. Und daher weiß ich, was ich an meinem Schatz und seiner Toleranz gegenüber meiner Lebensweise inklusive Selbstgespräche habe, deshalb akzeptiere ich Frühstücksneurosen mit einem Grinsen oder Seufzer. Denn ich bringe ihn ja auch nicht selten zum Seufzen.

Alex meldet sich nicht und geht auch nicht ans Telefon. Vermutlich störe ich gerade bei der »Vernehmung« der Verdächtigen. Also beschließe ich, mit dem frischverliebten Pärchen hinunter zu gehen und in der Werkstatt an der nächsten Ausstellung für den Laden vom Annamirl zu arbeiten. Das Projekt heißt »Katzengejammer«. Und neben den unvermeidlich ausgestellten Katzen und Katern wird diesmal musiziert, denn das Annamirl plant eine Musik-Kunst-Vernissage mit Geige. Ich bin schon auf die Ohrenfreundlichkeit gespannt, wenn ich an die Töne denke, die rollige Katzen in der Nacht von sich geben!

Als wir unten die Tür zum Laden aufsperren, ist jedoch alles von einem Moment auf den anderen vergessen.

Vor uns steht Raven – im Mantel, ungeschminkt. Seine gefärbten schwarzen Haare streng zurückgegelt. Das macht ihn auch nicht attraktiver.

»Ah, meine Belle taucht endlich auf. Hallo Liebling!«, meint er sarkastisch mit Blick auf Jonas, dem die Zornesröte ins blasse Jungengesicht steigt.

Ich versuche, das Gespräch aus der Gefahrenzone zu steuern. Wir müssen eine Info an die Polizei absetzen, bevor er merkt, dass er wegen Mordverdachts gesucht wird.

»Hallo Raven, wir waren eben frühstücken. Wenn wir gewusst hätten, dass du kommst, hättest du uns begleiten können«, sage ich – wie ich hoffe – mit naivem Lächeln und ernte verblüffte Blicke von Belle und Jonas. Na toll, bei dem Ich-steh-völlig-auf-dem-Schlauch-Gschau der beiden wird es nicht lange dauern, bis der eine ausfällig oder der andere gefährlich wird.

»Wie nett, ein Frühstück zu viert. Wie lange ist denn der liebe Jonas schon da? Seit ich zur Tür raus bin, Belle?«

»Warst du eigentlich länger weg, Raven?«, frage ich und bemühe mich um einen harmlosen Ton. »Ich hab dich schon eine ganze Zeit lang nicht mehr gesehen.«

»Kleine Geschäftsreise, ich kann nicht nur im Laden stehen und Belle beim Verkaufen zusehen. So viel tut sich da ja nicht.«

Das ärgert Susa offensichtlich. »Na ja, Miete und Unkosten hab ich leicht eingenommen, und die Einkaufskosten auch. Das ist für den ersten Monat nicht schlecht.«

Er lächelt sie etwas überheblich an. »Ja, das stimmt, für deine erste Geschäftsidee ist das nicht übel.«

Und jetzt kann ich nicht anders, denn eins meiner Laster heißt leider Neugier. »Hattest du schon mehrere Geschäftsideen, Raven? Was machst du denn sonst so?«

»Dies und das, Immobilien zum Beispiel.«

Die Antwort klingt leichthin gesagt, aber sein Blick wird wachsam. Ruhig Blut, Minnie. Der Typ ist gefährlich.

»Ah ja, ist bestimmt interessant. Ich wollte übrigens Jonas eben meine Geschäftsidee zeigen. Kommst du auch mit in die Werkstatt, Susa?«

»Sie nennt dich Susa?«, fragt Raven nun misstrauisch. Oh Mist!

»Ja, sie ist ja die Tochter einer Freundin meiner Mutter«, erkläre ich und verhasple mich beinahe vor lauter Hektik, meinen Fehler auszubügeln, »da höre ich immer Susa, also mach ich das automatisch ebenso.«

Er nickt nachdenklich.

»Hört sich logisch an. Was wollte der Polizist eben hier?«

»Marinus ist ein Freund von Gustl. Wir planen eine Geburtstagsfeier für ihn, da war eben Besprechung mit ihm und Alex.«

Alex hat auch das Haus zu der Zeit verlassen, das ist ihm sicher aufgefallen. Könnte also als Begründung durchgehen.

»Aha. Dann geht nur in deine Werkstatt, Minnie. Ich würde gerne mit Belle alleine reden.«

Susa gibt Jonas und mir ein Zeichen, dass es für sie in Ordnung ist. Und lächelt dabei ein bisschen starr.

Bevor wir uns davonmachen können, zeigt Raven, dass er nicht ohne eine gute Menschenkenntnis viel Geld erschwindelt hat. Er weiß, dass etwas nicht stimmt!

»Aber eure Handys bleiben da!«

Ich schaue ihn entsetzt an, wie es heutzutage sicher jeder Handybesitzer täte.

»Wie bitte? Warum soll ich dir mein Handy geben?«

»Ich traue dir nicht! Du fragst mir zu viel Unsinn. Zuerst diese Frau, die ich angeblich getroffen haben soll. Jetzt der Polizist im Haus.«

Ich protestiere empört, das muss ich nicht einmal spielen.

»Ich bin mit einigen Polizisten befreundet. Oder gäbe es einen Grund, dass die Polizei deinetwegen kommen sollte?«

Er wirkt gelangweilt. »Nein, natürlich nicht. Ich will einfach meine Ruhe haben. Ich fasse dein Handy nicht an, Minnie. Schau, wir legen einfach alle unsere Handys hierhin, bis wir uns wieder trennen.«

»Aber falls Alex anruft …«, versuche ich es nochmals.

»Sollte dein Handy klingeln, bringe ich es dir sofort rüber.«

Tja, da lässt sich jetzt nichts machen, sonst wird er vermutlich wütend. Wir trollen uns also in die Werkstatt, doch die Tür bleibt offen! Genauso wie die Ohren von Jonas und mir.

Raven fragte Belle etwas, und ich sause derweil an die Schublade, in der das Seniorenhandy liegt, das die Kati-Oma übermorgen zum Geburtstag bekommen soll. Es ist aufgeladen und noch ohne Passwort zu benutzen. Rasch wähle ich Gustls Nummer. Nur keine Zeit verlieren, denn Alex und Gerhard sind zu weit weg, und bei der Polizei will ich nicht lange erklären müssen, warum ich sie brauche. Sonst kriegt Raven-Reiner das mit.

Gustl geht ran.

»Hier ist Minnie, Raven ist vorne im Laden. Komm schnell mit der Polizei.«

»In Ordnung, wir sind gleich unterwegs, Minnie.« Er legt auf, und ich lasse das Handy in der Schublade verschwinden. Gerade noch rechtzeitig, denn Ravens Kopf erscheint in der Türöffnung. Misstrauisch schaut er herüber, also erkläre ich Jonas die spannende Herangehensweise beim

Töpfern von Alpakas für Zaunposten. »Wichtig ist, dass innen genug Platz ist. Das Objekt muss sowieso innen immer hohl sein, sonst kann es im Ofen explodieren.«

Der Kopf verschwindet wieder, und Jonas und ich lassen beide die Luft raus, die wir angehalten haben. Das habe ich trotz meiner Töpferanleitung irgendwie geschafft.

Mein Gustl, der weiß eben sofort, was ich meine, und fragt und zaudert nicht lang rum.

Es wird lauter nebenan. Susa-Belle macht Tabula rasa.

»Das mag schon sein, dass du vergessen hast, mir Bescheid zu sagen, dass du über Nacht nicht heimkommst. Aber es ist sowieso egal, Raven, ich hab es mir anders überlegt. Ich liebe Jonas, das habe ich in den vergangenen Tagen deutlich gespürt. Sei mir nicht böse, ich mache Schluss.«

Hui, jetzt herrscht kurz Stille, dann klingt er richtig narrisch. »Du machst mit mir Schluss? Das hat noch keine gewagt! Du kleines unerfahrenes Miststück. Und wie stellst du dir das mit dem Geschäft vor?«

»Ich weiß noch nicht. Entweder höre ich auf, oder ich mache es allein. Ich zahle dir deine Unkosten natürlich zurück.«

Ein kluges Mädel. Sie sagt nicht: »Schau lieber, dass du deine Betrugseinnahmen in Sicherheit bringst, von mir bekommst du keinen Cent.« Nein, Susa spielt auf Zeit.

»Ich habe mich auf dein Projekt eingelassen, meine Sachen hintangestellt, und jetzt schmeißt du mich raus? So leicht geht das nicht, Herzchen. Da brauchte es schon eine ordentliche Entschädigung.«

»Das glaube ich nicht, du hast doch so viele Geschäftsideen«, greift Susa seine Worte von vorhin auf.

»Die dich alle nichts angehen! Aber gut, dann geh ich jetzt. Du hörst von mir, beziehungsweise von meinem Anwalt.«

Wir schleichen näher an den Laden ran und sehen, wie Raven halb im Schrank verschwindet, offensichtlich sucht er etwas. Schließlich taucht er wieder auf, mit einer Laptoptasche. Die Schniegelfrisur sitzt nicht mehr perfekt.

»Wieso Anwalt?«, fragt Susa, nun klingt sie verängstigt. So ein Betrüger weiß genau, welche Knöpfe er bei den Menschen drücken muss.

»Na ja, von mir stecken auch Ideen in dieser Sache. Und Kontakte. Du kannst ja deine Eltern fragen, ob sie dich unterstützen. Das machen sie bestimmt gerne, wenn du wieder unter ihre Fittiche zurückkriechst. Ich habe dich für stärker gehalten. Auf jeden Fall zu stark für dieses halbe Hemd.«

Jetzt ist sie stocksauer, das ist gar nicht gut. Und bevor ich noch dazwischen quasseln kann, ist es passiert: »Wenigstens sind wir ehrlich!«

Er legt den Laptop ab und packt sie an den Schultern.

»Was meinst du damit, Herzchen. Wer ist denn nicht ehrlich?«

»Na, du zum Beispiel, du Betrüger!«, jetzt stürmt Jonas zu Susas Unterstützung. Toll! Hätte das nicht noch zwei Minuten oder so gut gehen können? Andererseits wäre Raven dann weg gewesen.

Jonas geht mutig auf den Mann los und reißt seine Hand von Susas Schulter. Mit dem Ergebnis, dass diese Hand jetzt frei ist. Es ist wohl die Hand, mit der Raven gewohnt ist zuzuschlagen. Denn der Kinnhaken, den Jonas abbekommt, lässt ihn rückwärts zu Boden sinken.

Susa schreit auf und sinkt neben ihrem Freund zu Boden.

»O nein, Jonas. Ist es schlimm?«

Dann schaut sie Raven bitterböse an. »Du Monster!«

Raven zieht sie grob zum Stehen und tritt nebenbei nach dem am Boden wimmernden Jonas.

»Was genau hast du gemeint? Mit dem Betrüger?«

Ich löse mich aus meiner Schockstarre und sage auch mal was. Leider fällt mir nichts anderes ein als die Flucht nach vorn: »Äh, Raven. Das weiß schon jeder in Wasserburg, dass du die Leute abgezockt hast.«

Er dreht sich zu mir um, und Susa macht einen großen Schritt von ihm weg. Nun steht sie am Tisch, wo die Handys liegen.

Das Gesicht ist jetzt weder schwarz noch weiß, sondern knallrot vor Zorn.

»Was soll der Scheiß, Minnie? Wer erzählt so etwas?«

»Rita hat ein Geständnis hinterlassen. Bei einem Anwalt«, schwindel ich munter drauflos, was ich neulich in einem Krimi gesehen habe.

Er lacht höhnisch. »Dafür war die viel zu blöd. Die hat nur gemacht, was man ihr gesagt hat, bis sie diesen Bauern ...«

Nun fällt ihm auf, dass er unvorsichtig ist. Die Röte nimmt zu.

Ich sehe aus dem Augenwinkel, dass Susa das Handy ergreift, das meines Erachtens nach weder ihr noch Jonas gehört. Und mir ebenso wenig. Kluges Mädchen – solange er es nicht merkt.

»Egal, ich bin raus aus allem. Belle kann schauen, wie sie zurechtkommt. Ich hab jetzt einen Termin«, versucht er es ganz arrogant auf die Ich-bin-Mister-Wichtig-Masche.

Die Masche wird zur Laufmasche, in dem Moment, als ihm das Fehlen seines Handys auffällt.

»Gib mir sofort mein Handy, Belle«, fordert er drohend. Die Augenbrauen sind stark zusammengezogen, der Mund verkniffen, dann weit offen, als er sie so laut anschreit, dass vermutlich gleich die Kreuzpointnerin im Laden auftauchen wird.

Jonas rappelt sich soeben vom Boden hoch. Das Kinn sieht schon doppelt so dick aus wie vorher. In zehn Minuten wird wahrscheinlich keine Gesichtsform mehr erkennbar sein!

Doch nun wird es wirklich kritisch, denn Ravens Hand wandert hinter seinen Rücken. Und als sie wieder zum Vorschein kommt, hält er eine Pistole auf Susa gerichtet.

»Handy her, sofort!«

»Ich habe es«, sage ich, ohne nachzudenken. Er fährt zu mir herum. Und Susa nutzt die Gelegenheit und wirft das Handy in den Schrank mit der Kleidung, der noch offensteht, weil Raven hier den Laptop rausgeholt hat.

Er fuchtelt mit der Pistole vor meiner Nase herum, dann erstarrt er, denn wir hören alle zugleich einen wunderschönen Ton: Die Polizei rückt an, die Sirenen werden immer lauter.

»Es bleiben dir keine zwei Minuten mehr, Raven«, sage ich leise.

Er flucht so laut, dass es wahrscheinlich noch meine Mutter bis zur Burg hinauf hört.

Unschlüssig schaut er von einem zum anderen, keiner bewegt sich.

Susa nickt mit dem Kopf in Richtung Schrank.

»Such es dir doch!«

Endlich begreift er, dass er sein Handy nicht mehr bekommen wird. So viel Zeit bleibt ihm nicht.

Er packt den Laptop erneut und wendet sich zur Tür.

Jonas macht tatsächlich Anstalten, ihm zu folgen. Ich reiße ihn zurück, während sich die Tür hinter Raven schließt.

»Spinnst du? Sei froh, dass er geht und keinen als Geisel nimmt.«

Das könnte er aber immer noch, deshalb hechte ich los und sperre ab. Genau in dem Moment kehrt Raven mit der Erleuchtung zurück. Er rüttelt an der Tür, dann hebt er die Waffe.

»Macht sofort auf!«

»Los, nach hinten in die Werkstatt!«, keuche ich.

Wir rennen, hören hinter uns die Scheibe splittern – sie ist gerade mal vier Wochen alt – und schließen die Holztür der Werkstatt hinter uns.

Dann fällt ein Schuss. Laute Stimmen fordern Raven auf, sich zu ergeben. Noch ein Schuss. Stimmengewirr. Dann klopft es an der Tür: »Minnie?« Der Gustl!

Ich reiße die Tür auf und blicke in sein erleichtert wirkendes Gesicht. »Gott sei Dank!«

»Habt ihr ihn?«

Der Gustl nickt und macht die Sicht frei. Raven werden soeben Handschellen angelegt. Verletzt ist offensichtlich niemand, aber die Scheibe an der Tür ist hinüber. Und in dem schönen Holzschrank zeigen Splitter, wo die zweite Kugel gelandet ist.

Schließlich kehrt Ruhe ein, allerdings nur kurz, denn wir müssen bald in der Inspektion unsere Aussagen machen.

Während ich versuche, Alex zu erreichen – er geht immer noch nicht ans Telefon, stecken Susa und Jonas die Köpfe zusammen.

»Ja!«, kommt es triumphierend von Jonas, und Susa sagt: »Minnie, schau mal.«

Ich stelle mich neben sie und frage: »Was gibt es denn? Ist das Ravens Handy? Wie seid ihr da reingekommen?«

»Er hat mal nicht aufgepasst, und ich wusste die ungefähre Bewegung seiner Finger beim Entsperren. Und dann haben wir etwas rumprobiert.«

»Und das habt ihr rausbekommen? Da gibt es doch hunderttausend« – oder mehr, aber ich hasse Stochastik – »Kombinationen.«

»Jonas hat es mit dem Nächstliegenden versucht: Belle – also 23553!«, kommt es spöttisch von der Code-Inspiration.

»Hier ist ein Chat mit einer Nightkiss.«

Jetzt zucke ich zusammen.

»Pass bloß auf, dass du nichts aus Versehen löschst, das ist Beweismaterial. Und eigentlich sollten wir es besser sofort der Polizei übergeben.«

»Gleich, ich will es kurz lesen, was er alles hinter meinem Rücken gemacht hat.«

Das verstehe ich und lese zwischen den beiden hindurch mit. Ich bin gerade groß genug, dass ich über die Schultern gucken kann!

Eins ist klar nach dem, was hier zwischen Raven-Reiner und Nightkiss-Rita gelaufen ist: Am Ende hat sich da ein Berg oder auch Nepal-Achttausender an Hass aufgebaut. Je weiter wir in die Vergangenheit scrollen, desto mehr wissen wir, wie unverfroren die Betrügereien ihr Leben bestimmt haben. Da sind Namen, Orte und Zeiten genannt.

»Wie dumm kann man eigentlich sein, so einen Chat nur mit dem Namen der Freundin zu sichern?« Das wundert mich tatsächlich am Allermeisten. Da ist jemand so wief, dass er Personen abzockt, in Kombination mit Telefon und Besuch, das Geld über mehrere Konten umleitet, um die Spur zu verschleiern. Und dann so was. Als ich das laut sage, lacht Jonas.

»Das häufigste Passwort ist 1234567, Passwort, qwertz oder eben das eigene Geburtsdatum.«

Ich schüttele den Kopf. »Und der Zettel hängt dann noch am Monitor, oder?«

»Das ist nicht so schlecht für uns EDV-Supportler. Da spart man sich die Arbeit, mühsam neue Passwörter bei den Providern anzufragen. In Bezug auf die Sicherheit ist das natürlich eine Katastrophe. Sehr häufig ist auch Dragon das Passwort.«

»Echt jetzt? Bei mir als Fantasyfan könnte ich das ja verstehen.«

»Es gibt viele Freaks«, schmunzelt Susa.

Stimmt, ich bin nicht der einzige.

»Lass mich gehen, sonst wirst du es bereuen«, schreibt Rita vor etwa zehn Tagen. Wut-Emoji!

»Ich brauch dich, so schnell bekomme ich keinen Ersatz eingearbeitet.« Sein Emoji zieht wurschtig die Schultern hoch.

»Das ist mir egal. Ich will es mir mit Hias nicht verderben. Das ist meine Chance auf ein echtes, ehrliches Leben.« Emoji mit Heiligenschein, ein bisserl Humor hatte sie trotz der Situation. Vermutlich hat sie nicht im Entferntesten geahnt, wie unlustig das Ganze für sie endet.

»Wenn er von deiner Vergangenheit hört, kannst du das vergessen.« Smiley schüttet sich vor Lachen aus.

»Wag es ja nicht!« Ein Totenschädel dahinter statt eines Emojis.

»Du bleibst dabei, bis ich dich gehen lasse!!!!!!!« Die Phase der Emojis wird von einer der extremen Zeichensetzung abgelöst.

»Ich geb dir einen Teil des Geldes zurück. Dann kannst du jemanden in Ruhe einarbeiten.« Sie meinte es wirklich ernst mit Hias, damit kann ich ihn vielleicht ein bisserl trösten, wenn er von ihrer Betrugsvergangenheit erfährt. Denn das wird sich kaum vermeiden lassen.

»Darüber können wir reden. Aber bei Schmidt-Lange und Hertlein bist du noch an Bord!«

»Raven, bitte nicht!«

»Du bist dabei, oder dein Hias erfährt alles.«

»Treffen wir uns morgen mal und besprechen es?«

»Ja, ich melde mich, wann und wo.«

Das ist die letzte Eintragung in dem Chat zwischen den beiden.

Dann gibt es einen weiteren Verlauf mit einem »Joe«. Könnte also von Josef zu Sepp geleitet werden. Ich höre den Gustl schon »… nicht beweisträchtig …«

Und da geht es ebenfalls zur Sache – zur Betrugssache. Entschlossen sage ich: »Okay, wir müssen eh zur Polizei. Das Handy geben wir ab. Da hängt viel dran – für die, die betrogen worden sind. Und zur Mordsache.«

Susa zögert ein wenig. Vermutlich empfindet sie doch noch etwas für Raven. Oder sie will wissen, was auf diesem Handy so alles drauf ist.

Jonas überlegt das wohl auch. »Susa, es ist vorbei mit ihm.«

Sie atmet tief ein, dann nickt sie und lächelt ihn an, während sie mir das Handy entgegenstreckt. »Ja, glücklicherweise.«

In der Polizeiinspektion bricht beinahe Jubel aus, als wir ihnen das Handy mit Passwort servieren. Susa und Jonas gehen nach ihrer Aussage gleich zum Laden zurück. Es muss ja mal wieder der Glaser anrücken. Verständigt habe ich ihn bereits, er wollte gegen Mittag kommen.

Ich schaue mich um. Gerhard sehe ich nirgendwo, also frage ich: »Ist Gerhard nicht im Dienst?«

»Doch, eigentlich schon, aber der wollte jemanden befragen. Müsste längst wieder hier sein.« Mehr weiß der Kollege auch nicht, und ich versuche erneut, Alex zu erreichen.

Langsam wird mir mulmig. Raven ist zwar in Gewahrsam, wie es so schön heißt. Aber was, wenn nicht er der Mörder ist, sondern doch der Sepp, dem der Alex so auf den Fersen ist?

Zur Sicherheit rufe ich Gustl an und will ihm von meinen Sorgen erzählen, aber er unterbricht mich.

»Du Minnie, ich ess grad eine wunderbare Kürbissuppe im *Stechl-Keller*. Komm halt rüber und iss auch etwas. Oder bist du mit Alex verabredet?«

»Darum geht es ja, den erreiche ich nicht – seit Stunden!«

»Dann schau schnell her. Ich bestell dir eine Suppe und probier es derweil mal bei ihm.«

Ich sause durch die Gassen und hinter der *Frauenkirche* durch zum *Stechl-Keller*. Die Suppe kommt gleichzeitig mit mir neben dem Gustl an, und ich merke, dass ich hungrig bin, obwohl mir das Fragezeichen zu Alex' Verbleib deutlich auf den Magen schlägt. »Aba herst, so a Supperl dragt ja ned auf«, würde jetzt eine österreichische Bekannte sagen und damit meinen, dass man davon sowieso kein Sättigungsgefühl verspürt. Sie kocht gerne Drei-Gänge-Menüs, die sie ganz offensichtlich satt machen.

Gustl ist nun nicht mehr so gelassen wie zuvor. Auch wenn Alex und er immer ein bisschen um meine Zuneigung konkurrieren, mag er ihn doch. Und er weiß, wie verbissen Alex hinter dem Sepp her ist.

Deshalb schlägt er zu meiner Beruhigung vor, bei seinen Exkollegen vorbeizuschauen und mal nachzufragen.

Die versuchen mittlerweile und ebenfalls erfolglos, den Gerhard zu erreichen. Sprechende Blicke wechseln, als wir ihnen sagen, dass er mit Alex nach Ostermünchen gefahren ist. Leider kann ich die Polizei-Blick-Sprache nur bedingt entschlüsseln, aber es könnte bedeuten: »Mei, hat er sich vom Alex mitreinziehen lassen, der Depp!« Oder auch »Agrat der Gerhard, der ned merkt, wann was gfährlich werd!« Was ich so nicht stehen lassen möchte, denn der Gerhard hat mir beim Abenteuer mit den Jägern praktisch das Leben gerettet.

Durch Gustls selbstsichere und schonungslose Fragerei erfahren wir, dass Raven gerade verhört wird. Von den Handybeweisen weiß er noch nichts, sie wollen ihn mit den Aussagen der *Eventers* über seine Drohung gegen Rita mürbe machen. Bisher leugnet er, dass die von ihm – natürlich nicht – Bedrohte die Rita war. Er hätte sich mit einer Frau gestritten, die ganz wild auf ihn gewesen wäre, und er hätte sie abweisen müssen. Wegen der nun so undankbaren Göre Susa.

»Wuid auf den bemalten Kasperl«, grummelt der Urbayer. »Ich versteh euch Frauen echt manchmal ned!«

»Er wirkt, als wenn ihn das alles ned juckt!«, meint der Roland frustriert. Der mich persönlich schon wegen Aussehen und Figur beeindrucken würde, wäre ich ein Verdächtiger im Verhörkammerl. Groß und breit mit bayerischer Wampn, die trotzdem nach Muskelmasse aussieht. Keine Ahnung, wie das geht, aber ich bin ja auch nicht die Richtige für Auskünfte zu Bodybuilding-Konzepten.

»Zeigt ihm halt mal das Handy«, schlägt der Gustl vor.

»Wir sollen auf die Rosenheimer warten. Das macht die Kripo!«

»Darf ich derweil ein bisserl fragen – ohne das Handy zu erwähnen?«

»Mei Gustl, du weißt, das geht eigentlich ned.«

Der Gustl macht ein treuherziges Gesicht wie der Monaco-Franze aus der 80er-Jahre-Serie, wenn der seiner Frau wieder mal einen Seitensprung beichten musste – mit dem Spruch »Spatzl, schau, wia i schau!«. Und »eigentlich« ist ja ein Wort, das schon die Möglichkeit des Gegenteils impliziert. Quasi!

Und um beim Monaco-Franze zu bleiben: Sein Motto war »A bisserl was geht immer.«

Und so zwinkert der Roland in die Richtung, von der Gustl eh weiß, was da liegt: das »Gästezimmer« zur »Zwischenlagerung« von Gästen für die Kripo. Und er trollt sich Richtung Personalküche. Gustl packt mich am Ellbogen, und wir huschen den Gang entlang und in das Altbauzimmer mit Blick auf den Palmanopark. Es ist nicht so, dass er mich mit viel Kraftaufwand hinterherziehen müsste. Ich bin unglaublich neugierig, wie sich der autoritäre Kerl in Haft gebärdet.

Der sitzt hingelümmelt da, die Hand baumelt mit Handschelle am Stuhlbein, und er wirkt hibbelig. Raven fährt hoch, als er uns sieht, als kämen wir zu seiner Rettung. Dann fällt ihm wohl ein, dass er durch die Tür auf uns geballert hat, und er wird wieder kleiner auf dem Holzstuhl.

»Was wollt ihr denn?«, brummt er grantig.

Gustl zieht sich einen ebenso bequemen Holzstuhl heran und setzt sich. Ich bleibe stehen und beobachte den Mann, der noch vor Kurzem ein junges hübsches Mädchen beeindruckt hat. Mein Typ ist er ja nicht, geschminkt oder in natura. Das Gesicht ist mir zu hager, und die Stimme jagt mir einen Schauder über den Rücken. Aber nicht den angenehmen, der mich bei Alex' Stimme überkommt. Ravens Organ ist mir zu dunkel, beinahe dumpf.

Und nun kommt noch ein kasiges Gesicht dazu, offensichtlich ist ihm bei der Sache doch nicht so wohl, wie er vorgibt.

»Wir wollen wissen, ob Sie nur ein Betrüger oder auch ein Mörder sind!«, sagt Gustl knallhart und faltet dann gemütlich die Hände überm Suppenbauch.

Raven zuckt nicht einmal zusammen, das ist schon ein abgebrühter Geselle.

»Ich weiß nicht, wovon Sie reden, Herr Romberger.«

»Von Ihren Betrügereien und davon, dass Ihre Komplizin Sie im Stich lassen wollte.« Er spricht nicht von den Handybeweisen, der schlaue Gustl, aber sehr wohl von dem, was wir wissen.

»Das ist Unsinn! Und Sie haben keinerlei Beweise.«

»Zwei Leute, die Ihre Drohungen gehört haben, und Zeugen, die Sie als den Betrüger an ihrer Haustür identifiziert haben.«

Hier vervielfacht Gustl Frau Hell momentan, aber wahrscheinlich ist die Polizei bereits dabei, weitere Betrugsopfer mithilfe von Ravens Bild zu befragen.

Ich überlege, wie ich ihn vielleicht aus der Fassung bringen könnte. Wortlos hole ich mein Handy heraus und werfe einen Blick auf ihn. Lange. Dann schaue ich wieder in mein Handy.

»Schon so gelangweilt, Minnie?«, fragt er höhnisch.

»Ach, mir ist nie langweilig, wenn ich ins Handy schaue. Da ist doch immer etwas Interessantes zu finden.«

Und zu Gustl gewandt, sage ich: »Lass uns gehen, die Polizei wird rausbekommen, was stimmt. Ich helfe Susa und Jonas beim Aufräumen. Es sind ja überall Splitter im Laden. Bis in den Schrank sind sie gefallen.«

Als ich ihn jetzt ansehe, bemerke ich, dass er blasser geworden ist. Der Adamsapfel am dünnen Hals wippt, Raven ist nervös. Und er starrt mein Handy an.

Gustl wirft mir einen Blick zu, der heißen soll: Kein Wort mehr, Minnie, sonst kriegen wir Ärger!

Und ich bin gespannt, was wir noch im Schrank finden werden. Als wir die Tür öffnen, sagt er etwas – und mir wird saukalt: »Falls ihr meine Hilfe braucht, werdet ihr sie nicht bekommen!«

Wir drehen uns um, und Gustl fragt grantig: »Welche Hilfe brauchen wir von Ihnen schon?«

»Vielleicht nicht ihr, aber euer nachtragender Freund.«

»Geht das genauer?«, hake ich nach und habe ein mulmiges Gefühl im Magen. Saure Gurken auf zu viel Chips könnten es sein, das fühlt sich ähnlich an. Wenn ich es nicht besser wüsste.

»Dir liegt er ziemlich am Herzen, Minnie, oder?«

Ich gehe langsam auf ihn zu: »Redest du von Alex, Raven?«

Er hebt die Schultern, sein Blick ist frech, überheblich. Was weiß der Kerl von Alex?

»Manche Menschen sind es wert, dass man auf sie wartet. Ich dachte, Susa wäre so einer. Hab mich getäuscht. Warte besser nicht auf deinen Freund, der steigt eh anderen Mädchen nach.«

»Du meinst diese Mariella? Alex befragt sie, mehr nicht!«

Ich werde zornig, und Gustls Hand auf meinem Arm versucht, mich zu beruhigen.

»Minnie, lass dich von ihm nicht ärgern.«

Doch ich bin mir sicher, dass Raven mich nicht ärgern will. Er will, dass das Handy nicht in die Hände der Polizei gerät – und das, was sonst noch im Schrank liegt. Und dafür bekomme ich Alex zurück.

Der Saukerl setzt noch eins drauf, während er wie eine Diva seine schwarzbemalten Fingernägel inspiziert: »Ihr braucht ja meine Hilfe nicht. Ich kann euch nur eines sagen: Diese Maishäcksler sind ganz schön schnell unterwegs. Und wenn da ein Rehkitz am Boden liegt und nicht fliehen will oder etwas anderes, das nicht fliehen kann …«

»Wo ist er, du Dreckskerl, was habt ihr mit ihm gemacht?«

Ich packe ihn an der Schulter und zwinge ihn, mich anzusehen. In diesem Augenblick geht die Tür auf, und Roland kommt herein. Er hat wohl gehofft, dass wir schon weg wären.

»Die Kollegen aus Rosenheim sind eben vorgefahren und … Minnie, Gustl, was macht ihr hier?«, versucht er, die Situation als harmlos und sich als ahnungslos zu verkaufen, aber ich bin stocksauer. Oder vielmehr an der Grenze zu panisch, die ich bei Ravens nächsten Worten überschreite: »Kein Problem, Herr Polizeimeister, die beiden wollten mich nur kurz aufmuntern, dass mir mangels Beweisen ja nichts passieren kann.«

Ich schnappe nach Luft, Roland schaut von einem zum anderen und überlegt verständlicherweise, was der Unsinn bedeuten soll. Und Gustl packt mich wieder und zieht mich aus dem Zimmer.

»Kein Wort, Minnie!«

»Aber Alex …!«

»Sei froh, dass er nicht behauptet hat, dass du ihn tätlich angegriffen hast, derweil er in Polizeigewahrsam war. Wir müssen gut überlegen, was wir machen.«

»Gute Idee«, meint Roland trocken. »Das bringt uns sonst in Teufels Küche.«

»Roland, er weiß, wo Alex und Gerhard sind. Er hat uns gedroht.«

»Womit denn?«, fragt der erstaunt. »Wir haben das Handy, das reicht, um ihm ernsthafte Probleme zu machen. Hast du ihn nach Alex und Gerhard gefragt?«

»Nein, wir wollten eben gehen. Es klang wirklich nach einer Drohung«, meint Gustl und klingt erstaunlich ruhig. Dann wiederholt er Ravens Worte. Rolands Gesichtsausdruck wird richtig grantig, da ist der Gustl nix dagegen. Ich ziehe den Kopf ein, aber er hat es nicht auf mich abgesehen, sondern Raven hat ihm das Kraut ausgeschüttet.

»Und überhaupt: Woher hat Raven von Mariella gewusst und dass Alex bei ihr war oder ist?«, fällt mir auf. Rolands Gesichtsausdruck wird nachdenklich. Endlich!

»Ich schicke eine Streife nach Ostermünchen, und ihr schaut, ob Alex vielleicht doch schon daheim im Bett liegt und schnarcht. Wenn das so ist, ruft ihr mich gleich an. Er soll ja in letzter Zeit gern einen über den Durst trinken, hab ich gehört.«

»Roland, das meinst du jetzt wohl nicht ernst! Das Mädel hat ihn mit K.-o.-Tropfen ausgeknockt. Dafür gibt es Beweise!«

Ich bebe vor Zorn, dann werde ich sprachlos, was gut passt, denn der erfährt von mir nichts von eventuellen Beweismitteln im Schrank. Schweigend lasse ich mich von Gustl rausbegleiten.

Während wir zu Alex' Wohnung eilen, versuche ich, Alex und dann Gerhard zu erreichen – nichts!

Gustl wartet unten. Ich jage die Treppen hoch und finde natürlich keinen Alex daheim vor. Wieder ab ins Erdgeschoss und mit einem schnaufenden Gustl weiter zum Laden. An der erstaunten Susa vorbei auf den Schrank zu, in dem ich zu wühlen beginne.

»Äh, Minnie, was ist los?«

Gustl erklärt es ihr, deshalb nimmt sie es hin, dass ich die Kleider und Schals und Schuhe einfach hinauswerfe. Sie türmen sich in schwarz-weißem Durcheinander.

»Ist das dein Schrank oder Ravens?«, fragt Gustl, als ich am Schrankboden angekommen bin. Nichts!

Ihre Antwort »Ravens« bringt mich dazu, den Schrank genauer anzuschauen. Und es ist tatsächlich wie in einem der alten Poirotfilme: Der Boden stimmt nicht mit den Außenmaßen überein.

Ich klopfe jeden Zentimeter und fahre mit den Fingern jede Spalte ab. Da finde ich endlich am rechten hinteren Ende eine Art Astloch. Ich fasse hinein – denke kurz an Indiana Jones in den indischen Katakomben, als er in eine Öffnung zwischen Käfer und Schlangen greifen muss, um den Türriegel zu seiner Rettung zu öffnen – und ziehe an. Ich kann das Brett herausnehmen.

Keine Käfer, keine Schlangen: Vor mir liegen drei Säcke, die das enthalten, was ich vermutet habe: Einiges an Bargeld, das niemals auf dem Spezialkonto gelandet ist. Geld, das er an seinen Kumpanen vorbeigeschleust hat.

»Einmal Betrüger, immer Betrüger«, flüstere ich und schaue Gustl hilfesuchend an.

Der zieht sein Handy aus der Tasche, tippt und wartet, dann sagt er endlich etwas, was die Sache voranbringen könnte: »Servus, Lothar, da ist der Gustl. Du musst bitte eine Handyortung anleiern. Alex und Gerhard sind vielleicht in Gefahr.«

Die nächsten Stunden werden zur Tortur für mich.

Lothar kann zwar die Handys der beiden orten – sie waren in Ostermünchen –, aber die Handys sind mittlerweile aus.

»Die letzte Ortung ist in Schechen festzustellen.«

Sie könnten sich also auf dem Rückweg nach Wasserburg befunden haben. Und es gibt viele Maisfelder zwischen Schechen und Wasserburg. Er hat gerade aufgelegt, da ruft er erneut an.

»Das Handy von Gerhard ist wieder aktiv.«

Und nun macht sich eine ganze Reihe von Fahrzeugen auf den Weg nach Rott. Bevor sie angekommen sind, ist die Verbindung weg.

»Da verarscht uns einer«, brummelt Gustl, der um eine Audienz bei der neu gegründeten Sonderkommission bittet. Mich lassen sie nicht mit rein, also tigere ich vor dem Gebäude der Polizeiinspektion auf und ab. Einige Bekannte reden mich an, meine einsilbigen Antworten vertreiben sie jedoch. Nur Traudl und Toni, die miteinander auftauchen, lassen sich nicht vertreiben. Toni will mir einen Döner in die Hand drücken, aber ich lehne ab. Mir ist schlecht vor Angst um Alex. Und ein Döner schmeckt nicht so gut, wenn er den Weg vom Magen wieder zurücknimmt.

Es dauert eine Stunde, bis Gustl wieder erscheint.

»Lass uns zu dir gehen, Minnie, ich erzähle euch alles.«

Er lässt sich nicht umstimmen, also muss er sich etwas beeilen, denn ich will Antworten und vor allem Hoffnung.

Wir sitzen um meinen Küchentisch, mittlerweile zu fünft, Basti ist aufgetaucht, der sich um seinen Freund Sorgen macht. Gustl informiert uns über das Neuste.

»Sie suchen die Maisfelder rund um die letzte Ortung ab. Mit Drohnen und Hunden, und ein Hubschrauber ist auch angefordert. Raven macht auf unschuldig. Alex' Auto wurde in Ostermünchen gefunden.«

Das verwirrt mich. »Wie kommt dann Gerhards Handy von Ostermünchen nach Rott?«

»Wir gehen davon aus, dass die beiden dem Komplizen in die Hände gefallen sind. Mariella ist nicht aufzufinden, nach ihr läuft die Fahndung. Es sieht sehr danach aus, dass sie an der Entführung beteiligt ist. Ihr Chef im Café hat ausgesagt, dass sie zunächst zwei Männer bedient hat, mit denen sie anschließend weggegangen ist.«

»Was ist mit diesem Joe in Ravens anderem Chat?«

»Da konnten sie noch nicht rausfinden, wer sich dahinter verbirgt, das Handy wird wohl nur für die Vorbereitung der Coups verwendet. Aber sie suchen auch nach Sepp Hohenwarter, unauffällig und leise, denn bisher gibt es außer Alex' Anschuldigungen keine Hinweise, dass er was damit zu tun haben könnte.«

Das ist sehr wenig, falls der Sepp schuldig wäre. Andererseits muss ich froh sein, dass die Polizei bei der dürftigen Beweislage überhaupt etwas unternimmt. Traudl legt ihre Hand auf meine, und nun merke ich erst, wie ich zittere: »Minnie, sie finden ihn schon. Hab Vertrauen.«

Hoffentlich geht sie da konform mit ihren Planetentabellen!

Eine halbe Stunde später stehe ich auf meinem Balkon und schaue in die immer schwärzer werdende Nacht. Irgendwann kommt meine Mutter und hängt mir eine Decke um die Schultern, weil ich mich weigere hineinzugehen. Alex ist vielleicht auch unter freiem Himmel. Liegt in der Kälte in irgendeinem Maisfeld gefesselt auf dem klammen Boden. Zumindest regnet es nicht, die Sterne beginnen zu leuchten und zeigen damit einen klaren Himmel.

Es ist, als wäre es die einzige Möglichkeit, ihm zu zeigen, dass ich bei ihm bin – wenn ich hier vor mich hin friere.

Minnie übernimmt

Es ist fünf Uhr morgens, und ich fühle mich wie erschlagen. Das waren keine vier Stunden Schlaf, immer wieder unterbrochen von plötzlichen Alptraumattacken.

Gegen Mitternacht haben mich Toni und Basti mit milder Gewalt vom Balkon geholt. Was ihnen nicht schwergefallen sein sollte, denn vor lauter Zittern konnte ich mich nicht wehren. Ich habe ihnen mein Bett überlassen und liege auf der Couch, weil sie nicht heimgehen und mich alleine lassen wollten. Normalerweise schlafen Alex und ich am Sonntag lange, frühstücken gemütlich nach viel Gekuschel.

Stattdessen habe ich nun Halsweh und Kopfschmerzen, doch am schlimmsten ist der Herzschmerz, diese offene Angst um Alex.

Ich will Gustl anrufen, aber der ist gestern auch sehr lang dagewesen, und so jung ist er ja nicht mehr, er braucht seinen Schlaf.

Doch mir fällt ein, dass bei der Polizei immer jemand Dienst schieben muss, also rufe ich in der Inspektion an, ob es Neuigkeiten gibt.

Ich habe den Sigi Maschmeyer am Telefon, der sich tatsächlich jede dumme Bemerkung zu Alex spart.

»Minnie, sie haben bis in die Nacht alle Felder abgesucht. Und sie starten gerade wieder los. Die Suchaktion nach der Zeugin läuft auch weiter. Es dauert einfach seine Zeit.«

»Hoffentlich hat Alex so viel Zeit«, krächze ich. Der Hals ist ein einziger Dauerschmerz.

»Er hat sich offensichtlich mit Leuten angelegt, die …«, er bricht ab. Ist ihm vielleicht eingefallen, dass seine nächsten Worte eher weniger trostreich für mich gewesen wären?

Ich mache so lautlos wie möglich Kaffee, es ist halb sechs. Der schwarze Inhalt der Tasse wird hinuntergestürzt, das geht ausnahmsweise nicht anders.

Im Bad mache ich mich etwas präsentabel, die Klamotten haben gestern gepasst, also werden sie es für heute genauso tun. Nachdem ich einen Zettel auf den Tisch gelegt habe »Guten Morgen, muss kurz was überprüfen, bringe Semmeln mit«, schleiche ich mich raus.

Mein Rad steht an der hinteren Tür zu meiner Werkstatt. Weiter geht es auf Zehenspitzen, denn Susa und Jonas schlafen im Laden.

Nun radle ich durch die Stadt, in der noch nicht viel los ist.

Der Sepp wohnt oben in der Burgau, bei der Mama. Mal schauen, ob er daheim ist. Er ist ja Mr. Wichtig und beginnt – sogar sonntags – sehr früh mit der Arbeit, obwohl er nicht auf dem Bau ranmuss.

Sein Büro ist eine Querstraße vom Wohnhaus entfernt. Es hätte sicher auch bei der Mama Platz gefunden. Doch die Frau Hohenwarter ist zwar eine fürsorgliche Mutter für den

Kerl, der seit einem Jahrzehnt flügge sein könnte, aber die Bedeutung der Begriffe »Datenschutz« und »vertraulich« sind ihr nicht so geläufig. Das hat mir der Sepp mal vor Jahren erzählt, weil ich gefragt habe, warum er sein Büro aushäusig hat.

Eine Straße vorher stoppe ich und schaue mich um. Wild schnaufend, denn der Köbinger Berg macht mich immer wieder platt.

Schräg gegenüber von Sepps Einfahrt steht ein Wagen mit einer Person drin. Sie lassen ihn also überwachen.

Das Licht bei Sepp brennt. Dann geht es aus. Ich stelle mein Handy auf lautlos und warte.

Der Mann im Auto sinkt etwas in seinen Sitz, er rechnet wohl damit, dass Sepp jetzt aus dem Haus kommt. Aber er weiß offensichtlich nicht, dass ein schmaler Weg zwischen den Gärten hindurch zur nächsten Straße führt. Diese Rasenpfade gibt es in den meisten Wasserburger Siedlungen. Mit dem Auto fährt man an ihnen vorbei, ohne sie wahrzunehmen.

Dementsprechend schiebe ich mein Rad gleich zu der Straße, in der sich Sepps Büro befindet. Da erscheint er auch schon, überquert das Rondell der Sackgasse und verschwindet hinter dem Mülltonnenhäuschen. Ich folge ihm bis dorthin, bleibe stehen und lausche.

Er sperrt die Tür auf. Ich höre, wie sie ins Schloss fällt, und luge vorsichtig ums Eck. Sepp stellt im erleuchteten Büro das Fenster auf Kipp und setzt sich an den Schreibtisch. Nun sehe ich nur noch seinen Rücken und wie er aus der Schublade ein Handy nimmt. Ob das das Handy ist, mit dem er mit Raven in Kontakt tritt? Weiß er überhaupt, dass Raven festgenommen wurde?

Er lauscht eine Weile, dann beginnt er zu sprechen. Mit Herzklopfen, die bis in meine Ohren dröhnen, schleiche ich mich bis ans Fenster, um zuzuhören.

»Ich bins. Wo bist du?«

Daraufhin hört er länger zu, die Stimme am anderen Ende klingt bis zu mir: Sie gehört sicher einer Frau, und diese spricht schnell, ist offensichtlich aufgeregt.

»Tut mir leid, aber ich musste erst für einen sicheren Platz sorgen. Ja, bleib dort. Das ist gut. Ich komme vorbei, wenn es sich etwas beruhigt hat.«

Nun unterbricht er sie: »Ich habe keine Ahnung, was der Trottel aussagt. Ich hoffe, dass er mich nicht mit reinzieht.«

Nun darf sie etwas länger sprechen.

Er steht auf, und ich ziehe mich zurück. Gerade noch rechtzeitig, denn dem Klang nach hat er sich ans Fenster gestellt.

»Das muss warten, ich bereite alles vor. Ich glaube, dass Wasserburg als Basis ausgedient hat. Wir verschwinden, sobald alles bereit ist.«

Nach maximal einem Satz von ihr raunzt er sie an: »Ja und? Der hat mich auch schon leiden lassen. Das Mitleid kannst du dir sparen. Der hat eine tolle Freundin, der interessiert sich nicht für dich, auch wenn es dir so vorkommt. Der hat dich nur ausgehorcht.«

Jetzt geht das blöde Zittern wieder los, denn sie sprechen von Alex, da bin ich mir sicher. Nicht, weil ich so toll wäre, aber um wen soll es sonst gehen? Raven? Nein, der hat gerade keine Freundin mehr. Die eine ist tot, die andere stocksauer.

»Ich muss los, hab ein paar Termine, die ich in Ruhe abklappere, weil die Bullen vor meiner Tür stehen und mir sicher folgen werden. Bleib, wo du bist. Und wenn deine Mutter dir was zu essen gebracht hat, soll sie dich vorerst nicht mehr besuchen. Du musst ihr klarmachen, dass du in Gefahr bist.«

Dann lacht er dreckig. »Sie muss ja nicht wissen, dass dir die Polizei gefährlich werden kann. Erzähl ihr einfach von den beiden Männern, die dich aus dem Café gezerrt haben.«

Das ist so ein Dreckshammel, der Sepp!

Hat Toni nicht gemeint, dass er nicht lügen kann? Und wie der das beherrscht!

Bevor ich mich mit Ärgern aufhalte, sollte ich mich allerdings aus dem Staub machen. Leider winkt mir eine Nachbarin aus dem Fenster gegenüber zu, die mich kennt, weil Toni bis vor Kurzem hier in der Nähe gewohnt hat. Ich winke zurück und flitze in Tour-de-France-Tempo die Straße hinauf. Hoffentlich erzählt sie Sepp nicht, dass ich hier war.

Zur Sicherheit warte ich hinter der Hecke der Querstraßen ab, und beobachte Sepp, wie er herauskommt. Er ignoriert glücklicherweise das Winken und das »Mei, Sepp, weißt du, wen ich eben seit Langem mal wieder gesehen habe?« und eilt davon.

Das Fenster wird mit einem zornigen Knall geschlossen. Damit ist um halb sieben jetzt die halbe Siedlung wach.

Ich sause den Köbinger Berg hinunter – das ist meine Lieblingsrichtung –, direttissimo zur Polizei.

Der Sigi macht mir auf, und ich überfalle ihn mit Infos, während ich zugleich den Gustl anrufe.

»Gustl, entschuldige, ich weiß, es ist sehr früh. Ich bin grad in der Polizei beim Sigi. Ich war beim Sepp spionieren.«

Jetzt wollen zwei Männer aus der Haut fahren – einer am Telefon, der andere direkt vor mir, aber ich lasse sie nicht.

»Nein, ihr hört mir zu, es eilt: Sepp hat mit der Mariella telefoniert, das Telefon ist in der Schublade seines Schreibtischs im Büro. Die Streife hat es nicht mitbekommen, weil der Sepp den Gartenweg genommen hat. Er fährt aktuell Termine ab, damit die Streife beschäftigt ist. Die Mariella bekommt gleich eine Essenslieferung von ihrer Mutter. Sie hat sich irgendwo versteckt, die Mutter meint, sie versteckt sich vor Alex und Gerhard. Ihr müsst die Mutter verfolgen!«

Diese Sätze haben mich viel Atem gekostet, der nach der Rennfahrt knapp ist. Ich hechele weiter: »Er weiß, wo die beiden sind. Er hat ihr gesagt, sie braucht kein Mitleid haben. Sepp und Mariella wollen sich absetzen, er bereitet alles vor.«

Jetzt herrscht Schweigen, vor mir und am Telefon.

Sigi reagiert als Erster.

»Ich rufe die Kollegen in Rosenheim an, wir brauchen einen Durchsuchungsbeschluss für das Büro vom Hohenwarter. Wenn wir das Handy haben, können wir ihn mit der Sache in Verbindung bringen. Und finden das Mädchen.«

Der Gustl schaltet sich an meinem Ohr ein. »Minnie, sag Sigi, er soll die Mutter von Mariella beschatten lassen.«

»Ich geb es weiter«, was ich auch tue. Dann sinke ich auf die Bank, weil mir schwindlig ist.

Gustl ist noch nicht fertig: »Und ruf Toni an, die macht sich Sorgen, weil sie dich nicht erreicht.«

Oje, da werde ich eine saubere Abreibung bekommen. Ich schalte mein Handy ein und rufe sie zurück.

»Minnie, wo bist du denn? Bist du wahnsinnig geworden?«

»Ich komm gleich heim. Ich hol Semmeln, dann erzähl ich euch alles.«

Nun wende ich mich Sigi zu und schaue ihn streng an. Der zieht die Augenbrauen fragend hoch. Na gut, ich bin sicher nicht sehr achtunggebietend. Deshalb schraube ich meine Stimmlage etwas herunter und brumme: »Sigi, ich habe euch einiges geliefert. Versaut es nicht und findet Alex!«

Seine Mundwinkel zucken bei dieser Drohung, aber dumm daherreden traut er sich nicht.

Er nickt brav: »Machma, Minnie, und du gehst jetzt frühstücken.«

Ich drehe mich um, doch bevor ich die Inspektion verlasse, ruft er mir nach: »Du, Minnie, den Fleck von der Kürbissuppe, den hattest du gestern schon auf dem Pulli. Mal umziehen würd nicht schaden.«

Das gibt es ja wohl nicht, so eine Frechheit! Das lasse ich so sicher nicht stehen.

Ich drehe mich um und grinse frech: »Du überrascht mich, Sigi, die Bemerkung hätte auch vom Gerhard sein können, der ist manchmal so ein Modehäschen. Ich hätte allerdings lieber, dass ihr euch auf euren Job konzentriert und ich Alex bald zurückbekomme.«

Nun sagt er nix mehr, denn Gerhard ist wirklich sehr speziell und nicht jeder Kollege will mit ihm verglichen werden.

»Ich weiß gar nicht, was ihr habt: Ich habe frische Semmeln mitgebracht, wie versprochen«, verteidige ich mich gegen das zweistimmige Geschimpfe von Toni und Basti.

»Du bringst dich in Gefahr und sagst uns nicht mal vorher Bescheid, und jetzt tu nicht so unschuldig!« So narrisch habe ich Toni noch nicht erlebt. Basti ist auch nicht besser drauf, obwohl er sich ruhig äußert: »Minnie, du warst gestern so am Ende, du hast nicht viel geschlafen. Hätt auch sein können, dass du mit dem Radl an einen Baum fährst. Oder dass dich der Sepp schnappt. Was hätten wir denn dann dem Alex sagen sollen? ›Sorry, Minnie ist ausnahmsweise früh aufgestanden, sie hat sogar schon Kaffee gekocht.‹«

Irgendwo haben sie ja recht, aber ich bin ein Weilchen bockig, und wir frühstücken schweigend.

Langsam spüre ich, wie ich vom Adrenalinhoch runterkomme. Die beiden schauen mich nicht mehr an, sie kochen vor sich hin. Das wird sich erst nach einer Entschuldigung ändern.

»Ihr habt ja recht, aber ich musste was tun. Und ihr habt euch schon die halbe Nacht meinetwegen um die Ohren geschlagen.«

»Und das haben wir gern gemacht«, raunzt mich meine Freundin an. Und ihr heutiger Redenergänzer fügt hinzu: »Wir machen uns genauso Sorgen um Alex, Minnie. Und wir wären mit zum Sepp gefahren.«

Das glaube ich sofort, ich mache ihn jedoch kurz auf die Realität aufmerksam: »Bis wir alle drei in der Burgau gewesen wären, hätte es zehn Minuten länger gedauert. Ich hätt euch erst wachbekommen müssen, ihr hättet euch angezogen und lamentiert, dass doch eine Streife vor dem Haus steht und und und.«

Sie schauen mich an, haben wohl nach meiner Entschuldigung nicht mit meiner Gegenwehr gerechnet. Und ich bin noch nicht fertig. »Dann wäre das Telefonat längst beendet und der Sepp auf Tour gewesen. Ja, ich weiß, das war reine Glückssache, aber so ist es eben ab und zu mal beim Ermitteln. Und jetzt wissen wir sicher, dass der Sepp mit drinsteckt und die beiden hat. Und wenn die Polizei die Mutter verfolgt, finden sie auch die Mariella. Und irgendeiner wird schon auspacken.«

Sie nicken nachdenklich, eine Entschuldigung bekomme ich nicht. Na ja, man soll nicht zu viel erwarten. Und so bin ich nicht mehr so sehr im Nachteil.

Doch zunächst einmal hängt der Sepp die Streife ab und ist natürlich auch unter der Geschäftsnummer nicht erreichbar. Der nächste Tiefschlag ist, dass Mariellas Mutter schneller bei ihrer Tochter war als die Polizei bei ihr selbst. Bisher ist sie nicht zurückgekommen.

Somit haben wir ein Fifty-fifty-Ergebnis – also 50 Prozent Erfolg mit 50 Prozent nachfolgender Niederschmetterung.

Die Maisfeld-Soko findet das Handy neben einem Weg, auf dem es Reifenspuren gibt. Die eines BMWs. Und ratet mal, wer einen BMW fährt? Nein, nicht der Sepp, das wäre zu einfach. Aber seine Mama! Die hat mir einmal erzählt, dass ihr Sohn ihr den Wagen gekauft hat. Und nun wird es wieder einfach: Die Spuren im Profil stimmen mit dem Ackergrund überein. Also jetzt ist sie echt fix, die Soko-Truppe. Wir fahren nach Rott und beobachten beklommen, wie die Maisfelder Stück für Stück abgesucht werden. Jedes von der Polizei freigegebene Feld wird gemäht. Toni, Basti und ich schauen uns an. Das erinnert uns sehr an die Suche nach Rita. Und die hat man schließlich tot gefunden.

Ich spüre, wie ich immer heftiger schlucke, um die aufsteigenden Tränen zu verdrängen. Da nimmt mich Toni ganz fest in die Arme, und nun hilft nichts mehr: Ich heule wie der bekannte Schlosshund. Der ist bei mir ein Riesenvieh, so viel Wasser wie daherkommt. Aber es muss raus. Nicht, dass es mir danach besser ginge, ich bin einfach fix und foxi.

Mittags packen sie mich wieder ins Auto, und ich schlafe auf den zehn Kilometern bis daheim wie ein Murmeltier.

Dort ratze ich auf dem Sofa weiter, bis mich das Klingeln meines Handys hochfahren lässt. Es ist Gustl!

»Stell dir vor, Minnie, sie haben zwar den Sepp nach wie vor nicht erwischt, aber sie durften sein Büro durchsuchen. Dort haben sie das Handy gefunden, mit der Nummer von Mariella. Und die haben sie eben verhaftet, ihre Mutter saß noch bei ihr. Der hat sie erzählt, dass zwei böse Männer hinter ihr her seien. Die Mutter war schon etwas erstaunt, dass die Polizei nach ihrer Tochter gesucht hat.«

Mariella sitzt also jetzt in Wasserburg, ebenso ist Raven noch dort. Und im Gegensatz zu ihm packt sie aus!

Und nun glaubt sogar die Polizei, dass Alex' Riecher funktioniert hat: Mariella hat zugegeben, Alex mit Bemerkungen über Sepp geködert und ins *Galaxy* gelockt zu haben. Dort hat sie ihm die K.-o.-Tropfen in den Wodka gekippt. Auf Sepps Anweisung hin. Er wollte Alex mal so richtig eine aufs Maul geben. Blöderweise hat er dann damit geprotzt, dass Leute wie Manuels Mutter betrogen gehören, wenn sie so dumm seien, und dass er daraus eben seinen Vorteil zöge. Noch blöder war für ihn allerdings, dass sich Alex trotz K.-o.-Tropfen und der eingefangenen Dreifach-Watschn der härteren Art das alles gemerkt und die richtigen Schlüsse gezogen hat.

So hat die Sache ihren Lauf genommen: Alex taucht also bei Mariella auf und fragt sie aus – Mariella warnt Sepp – Sepp gibt wieder einen K.-o.-Tropfen-Auftrag – mein siegesgewisser Freund fällt ein zweites Mal auf das Luder rein (das war ihre eigene Formulierung bei *love-is-all-around-you.com*) – und Sepp hat die beiden geschnappt.

Hier kommt dann die Neuigkeit, denn wir wussten ja bisher nicht, wer wie und warum der Chef des Trios ist: Raven hat die Geiselnahme gefordert, sonst hätte er Sepp auffliegen lassen. Und jetzt ist klar, wem die Daumenschrauben angelegt werden müssen.

Blöderweise dem mit den stärksten Nerven.

Und Raven gibt nichts davon zu! Sepp kenne er genauso wenig wie Rita. Der Name Mariella sage ihm gar nichts – ja, auf seinem Datingportal seien viele, die er nicht persönlich getroffen habe, das läge in der Natur solcher Seiten.

Und damit steht Aussage gegen Aussage, bis hoffentlich die Handyauswertung beweist, dass Sepp der Joe aus Ravens Chat ist. Das kann ja nicht so schwer sein, es ist sicher nur eine Frage der Zeit. Aber Zeit ist etwas, was Alex und Gerhard vielleicht nicht haben.

Bei der nächsten Besprechung darf ich dabei sein, denn Gustl und ich haben – trotz des Matschgefühls in meinem Hirn vor lauter Müdigkeit – eine Idee, für die wir uns Zustimmung erhoffen.

Gustls Kollegen sind nicht so angetan, aber er meint, dass ich aus Raven durch seine leicht verschleierte Erpressung bei unserem vorigen Treffen vielleicht eine andere Reaktion bekomme als sein überhebliches Vorgeben, nichts zu wissen.

Und so sitzen wir uns kurz darauf wieder gegenüber. Raven versucht gar nicht, seine Überraschung zu verbergen.

»Hast du einen inoffiziellen Ermittlerstatus, Minnie, dass du schon wieder hier reindarfst. Brauche ich einen Anwalt?«

Nun bricht er in sonores Gelächter aus – es klingt wie ein Trommelwirbel im U-Bahn-Schacht.

Ich lächle etwas gezwungen. »Fast, Raven. Irgendwie hatte ich das Gefühl, wir wären nach unserem gestrigen Gespräch noch nicht fertig. Du schienst so interessiert, wie es mit dem Laden weitergeht. Ich habe übrigens Susa beim Aufräumen geholfen. Dein Schrank war eine große Überraschung: so ein Fundus an Klamotten und …«

Er wirkt ein bisschen aufrechter, lümmelt sich nicht mehr so gemütlich in den ungemütlichen Holzstuhl. Diese Haltung muss man erst mal so vortäuschen können, ohne dass es einem die Rippen bricht.

»Ja, ich habe mir viel Mühe gegeben, für Belle nur das Beste zu finden. Tja, und so wird es einem vergolten.«

Der Jammerton klingt nicht mehr echt, er ist nervös. Ganz sicher. Sein Blick wechselt zwischen mir und Gustl.

»Ja, das habe ich gesehen. Übrigens, falls du irgendetwas von den Sachen brauchst, sag einfach Bescheid, Susa sieht das nicht so eng.«

Gustls Handy klingelt, er steht auf und schaut mich an.

»Stört es dich, wenn ich kurz vor der Tür telefoniere, Minnie? Ich lasse sie offen. Falls er unverschämt wird, dann reicht ein Pieps, und ich bin da.«

Mein Winken ist zu seiner Beruhigung gedacht. »Ja, freilich, Gustl. Du bist ja nicht so lange weg, oder?«

Sobald er draußen ist, beugt sich Raven vor und spricht ganz leise: »Wenn du was gefunden hast, was nicht nach Gothic ausschaut, hätte ich das gern.«

»Und ich bekomme dafür …«

»Sobald ich es habe …«

»Was bekomme ich, Raven?«, jetzt werde ich sauer, und er redet Tacheles.

»Ich kann rausfinden, wo sich dein Freund befindet. Möglicherweise kenne ich jemanden, der jemanden kennt, der es weiß.«

Wie soll ich da weiterkommen?

Draußen vor der Tür höre ich, wie Gustl mit einem anderen Mann spricht und sich für die Hilfe bedankt.

Ich bin Raven nicht gewachsen. Der Kerl ist mit allen Wassern gewaschen, betrügt seit vielen Jahren skrupellos und ist vielleicht ein Mörder. Ich versuche es anders.

»Möglicherweise kommst du aus dem Ganzen mit einem blauen Auge davon, wenn du uns hilfst. Und falls man herausfindet, dass du nicht der Mörder von Rita bist«, locke ich ihn, aber er schaut mich kopfschüttelnd an.

»Immer diese Rita, die ich nicht kenne«, ist die gelangweilt klingende Antwort.

Gustl tritt wieder ins Zimmer, in der Hand einen DIN-A4-Bogen, und mustert Raven von oben bis unten: »Es wäre klüger, etwas dazu beizutragen, was uns unsere beiden Vermissten bald zurückbringt. Die Haftstrafe wird immer länger. Betrug, Zeugen, mit deren Aussage ein kluger Staatsanwalt eine Anklage wegen Mordes hinbekommt. Und wenn den beiden was passiert – das summiert sich.«

Raven hält weiter dicht, er zuckt nicht einmal zusammen.

Der Anruf war nicht getürkt, das sehe ich an Gustls glitzernden Äuglein. Und ich weiß, er hat eine wichtige Info bekommen, die er jetzt ausspielt. Der Ausdruck wechselt von einer Hand in die andere. Raven und ich können nur Zahlen erkennen. Unsere Blicke folgen dem Papier.

»Minnie, das Gute ist, wir brauchen seine Aussage nicht. Der Cyberspezialist hat eben den Weg des Geldes von Frau Hell nachvollziehen können. Auf das Konto von einem Reiner Rabe – komisch, wie sich die Namen ähneln. Und wir wissen auch, dass die Auszahlungen an Sepp und Rita gegangen sind, als Beteiligung der Komplizen. Das sind übrigens die beiden, die Sie nicht kennen, denen Sie aber einen Haufen Geld gezahlt haben. Wo haben Sie eigentlich das restliche Geld hinüberwiesen und wann? Sie waren hier in Gewahrsam und trotzdem wurde heute früh das Konto leergeräumt.«

Gustl imitiert wieder den Monaco Franze mit dem treuherzigen Gschau. Ich kläre ihn auf, weil ich mich dank Alex ein bisschen in dem Metier auskenne. Was eigentlich nicht nötig ist, aber so ein Laientheater beherrschen der Gustl und ich aus dem Stegreif. »Solche Überweisungen kann man auf Termin vorbereiten, dann werden sie abgebucht.«

Raven ist gewachsen! Oder es liegt daran, dass er jetzt hochaufgerichtet dasitzt und uns anstarrt.

»Wovon reden Sie eigentlich? Und welches Konto meinen Sie?«

»Na, das Konto von dem Reiner Rabe, auf dem alle Gelder der Betrügereien zusammengelaufen sind. Und wo dann immer zwei gleiche Beträge an die Rita und den Sepp überwiesen wurden.«

Nun schwitzt der gewachsene Rabe. Wir haben ihn am Krawattl!

»Und was hat das mit mir zu tun?«

Der Gustl hebt die buschigen Augenbrauen. »Offensichtlich gar nichts, weil es Ihnen ja nicht gehört. Also versuchen wir weiter herauszufinden, wo die 78.000 Euro hinverschwunden sind.«

Jetzt springt er auf, aber die Handschelle am Tisch bremst ihn und reißt ihn zurück auf den Stuhl. Das hat sicher einen netten Stich in der Schulter gegeben. Er scheint es nicht zu spüren, ist völlig auf Gustl fixiert. »Beweisen Sie es mir! Sie lügen doch.«

»Warum sollte ich es Ihnen beweisen wollen? Sie haben ja nichts damit zu tun. Komm, Minnie.«

Als ich mich gehorsam erhebe, stößt Gustl wie unabsichtlich gegen mich, dabei fällt das DIN-A4-Papier mit den Zahlen auf den Tisch, und Ravens Blick bleibt daran hängen.

Langsam zieht er es zu sich heran, wir existieren für ihn nicht mehr. Ich weiß, was er sieht: die Eingänge und Abbuchungen, die er kennt, weil er sie selbst getätigt hat. Und dann die eine am Schluss der Reihe mit dem heutigen Datum. 7.05 Uhr am Morgen werden die vollen 78.000 Euro abgebucht und auf ein Konto überwiesen, dessen Zahlenfolge er im Schlaf kennen müsste: Sie gehören Sepp, seinem Komplizen, dem er viel Geld für seine Hilfe bei den Betrügereien gezahlt hat. Die dunkle Stimme grollt wie ein Gewitter oder Gandalf im Kampf gegen den Balrog von Moria in »Herr der Ringe«.

»Der Dreckskerl hat es abgeräumt?«

Wir schauen ihn fragend an, und ich bibbere schon wieder innerlich. Kann es klappen, wird er einknicken?

Ja, und wie er einknickt. Wie ein Gerstenhalm während eines Hagelgewitters. Die Stimmlage ist höher geworden, dafür redet er jetzt in einem Affenzahn. Dem Mann zuzuhören ist nicht schön.

»Sepp hat das Geld. Er hat mit Rita beim Betrug mitgemacht. Er hat angerufen und die Leute weichgeklopft, und Rita und ich haben dann das Geld geholt.«

»Ist er bei der Datinggeschichte auch dabei?«, will Gustl wissen, und ich werfe ihm einen verständnislosen Blick zu. Er soll nach Alex und Gerhard fragen. Was interessiert mich diese Liebe-ist-um-uns-herum-Seite?

»Da hat er die Frauen akquiriert, die uns geholfen haben. Wie Rita und Mariella.«

»Wo ist Sepp jetzt?«

Ah, wir kommen langsam zum Kernproblem. Gustls Ruhe macht mich nervös.

»Vermutlich bei den beiden Entführten.«

»Wo sind sie?«

»Sind sie im Maisfeld?«, schiebe ich hinterher.

Nun schweigt er wieder, aber nicht lange. Er hat schon zu viel preisgegeben, aus der Nummer kommt er nicht mehr raus.

»Kein Maisfeld, das war eine Ablenkung. In irgendeinem Wasserburger Gemäuer. Da hat er den Schlüssel dazu, und es gelangt nur ein paarmal im Jahr jemand dorthin.«

»Ein bisschen genauer wäre gut«, meint der Gustl weiterhin völlig ruhig. Das bringt nicht nur mich auf die Palme, sondern auch Raven.

»Keine Ahnung, Sie kennen sich in diesem Kaff doch aus. Fangen Sie an zu suchen! Der Kerl ist gefährlich, er hat vermutlich Rita auf dem Gewissen, die Frau hab ich mal geliebt.«

Also, ich kaufe ihm das nicht ab.

Raven fügt mit bösem Lächeln hinzu: »Wer weiß, was er mit einem Mann macht, den er hasst!«

Ja, das ist leider ein realistischer Ansatz, nach dem, was Sepp mithilfe von Mariella abgezogen hat.

»Gustl?«, wende ich mich an meinen Freund. Drängend, denn meine Angst um Alex ist eben nochmals deutlich gestiegen.

»Gleich, Minnie, wo sollen wir mit dem Suchen anfangen? Ein bisschen mehr Infos muss der Herr Kellberg schon rausrücken, wenn er ein Plus auf seiner Seite verbuchen will. Denken Sie nach! Mitten in der Stadt, in Gewölben, alten Sälen …?«

In Ravens Hirn drehen sich die Rädchen, das sieht man ihm an. Ob er allerdings darüber nachdenkt, ob er uns austricksen oder helfen kann, das erkenne ich leider nicht.

»Es ist in der Innenstadt, und er kann tagsüber dort nicht parken. Er hat die beiden eine Zeit lang ins Maisfeld gelegt und dann wieder abgeholt.«

»In der Saukältn!«, gehe ich hoch, aber die Herren sind immer noch am Forschen. Es hilft ja auch nichts, sich jetzt aufzuregen.

»Es ist irgendwo untendrunter – oder obendrüber«, sinniert er weiter, und mein Geduldsfaden zwirbelt sich auf.

»Was soll der Scheiß, Raven? Wir reden hier von einer Entführung, deren Opfer vielleicht in Gefahr sind. Untendrunter oder obendrüber – so ein Schmarrn. Ich geh jetzt und geb der Polizei alles, was ich im Schrank gefunden habe.«

Ich springe auf und will zur Tür, aber er stoppt mich ab.

»Minnie, warte bitte, ich überlege ernsthaft.«

Ich setze mich wieder, vor Wut und Angst zitternd.

»Er hat zuerst von Katakomben gesprochen – unter einem Tor. Dann von einem Versteck oben in einer Kirche. Mehr weiß ich wirklich nicht.«

»Es wäre gut für dich, wenn wir sie finden«, sage ich nur, bevor ich zur Tür sause, mit Gustl auf den Fersen.

Und dann wird es richtig schwierig. Die Soko Maisfeld wird zurückberufen, nachdem klar ist, dass es eine Ablenkung war. Zusammen mit den Rosenheimer Kripo-Beamten und der halben Wasserburg-Mannschaft geben nun etwa 25 Männer ihre Meinung ab und versuchen sich zu einigen, wo man mit der Suche anfängt. Ich höre mir das eine Weile an, denken kann ich dabei nicht.

Schließlich fällt der Beschluss zur Aufteilung, es wird eifrig telefoniert und organisiert, dann brechen vier Teams auf: Eines geht in die Gewölbe unter dem Brucktor, ein anderes in den Pfendterturm am Inn und zwei klappern die Kirchen ab, in deren oberen Bereich es Verstecke geben könnte.

Mich beachtet keiner. Plötzlich sind alle ausgeschwirrt, und es wird still. Ich sitze auf einer Holzbank auf dem Gang und versuche, mich zu sortieren. Also alles, was an Ideen durch mein Hirn schwirrt, und ich weiß, da ist etwas Wichtiges dabei. Eine Möglichkeit – realistisch und ganz einfach, aber sie versteckt sich vor mir und meiner Erinnerung.

Ruhig, Minnie, ruhig.

Gustl ist noch da. Er unterhält sich leise mit Sigi und wirft ab und zu beunruhigte Blicke in meine Richtung. Vermutlich fragt er sich, warum ich nicht wie die anderen durch Wasserburg galoppiere.

Doch keine der angesprochenen Varianten fühlt sich richtig an. Was hat der Sepp mit dem Brucktor zu tun? Oder mit Kirchen? Nicht das Geringste!

Dann fällt es mir ein, was quasi im Unterbewusstsein gelauert hat, und mir läuft eine Gänsehaut über den Rücken. Ich erhebe mich und steuere die Tür zur Treppe an.

»Minnie, was hast du vor?«, ruft mir der Gustl nach.

»Den Alex suchen, woanders als die anderen«, antworte ich, und ihn mir bebt es, denn meine Idee ist realistisch. Als ich vor der Haustür stehe, finde ich glücklicherweise mein nicht abgesperrtes Rad noch am gleichen Fleck vor. Ja, sogar in Wasserburg und Umgebung werden Räder geklaut. Manchmal nimmt sie jemand nur her, der sein Auto nicht mehr benutzen darf, um heimzufahren. Das Radl ist eigentlich nach dem zweiten Bier auch nimmer erlaubt –, aber das ist bei dem bayerischen Saufbruder noch nicht so angekommen! Und so findet man seinen Drahtesel gelegentlich wieder, wenn man ein bisserl durch die Gegend strawanzt und die Augen offenhält.

Die Tür wird aufgerissen, und der Gustl steht vor mir.

»Und mich lässt du hier einfach stehen?«, grollt er, was immer noch einige Oktaven höher klingt als bei Raven.

»Mach mir kein schlechtes Gewissen, Gustl. Ihr habt ja alle so viel zu palavern, das kostet Zeit, die Alex nicht hat.«

»Wir palavern nicht, wir planen«, raunzt er mich an. Ich atme tief ein, und sein Blick wird weich. Vermutlich ist ihm grad eingefallen, dass es mein Schatz ist, der vermisst wird.

»Du hast eine Idee, Minnie?«, hakt er nach, denn er kennt mich ja gut genug.

Ich nicke. »Wir müssen zu Sepps Mama.«

»Stell dein Radl in die Inspektion, wir nehmen das Auto. Ich renne weder den Köbinger Berg rauf, noch setze ich mich auf deinen Gepäckträger.«

Das wäre auch ungünstig, denn auf dem ist ein Korb befestigt. Und in den passt vielleicht der Chihuahua von Traudls Freundin Margarethe, aber keinesfalls der Gustl.

Als wir oben in der Burgau ankommen und bei Hohenwarters klingeln, öffnet Sepps Mutter sofort. Sie strahlt mich aus einem pausbäckigen Gesicht an. Die braunen, weiß gesträhnten Haare sind wie immer in einem ordentlichen Dutt verpackt, ohne den ich sie noch nie gesehen habe.

Sie ist so alt wie meine Mutter, wirkt jedoch zehn Jahre älter. Sie hat den Sepp nach dem frühen Tod ihres Mannes ganz allein großziehen müssen – keine Oma, keine Tante, die geholfen hätte – und hat ihr Leben lang viel gearbeitet. Trotzdem ist sie der gemütliche Typ, der für einen Weg durch die wirklich überschaubare Altstadt Stunden braucht, weil sie ständig jemanden trifft, mit dem sie ratschen kann. Meist sieht man sie in einer geblümten Kittelschürze wie auch jetzt – Mode interessiert sie nicht so. Ich glaube, da war einfach kein Geld dafür da. Da hat es Traudl schon deutlich besser getroffen, mit dem reichen Ex-Mann.

»Mei, die Minnie, dich hab ich ja schon lang nimmer gesehen.«

»Grüß Gott, Frau Hohenwarter, ja, es ist ein bisserl her. Wie geht es Ihnen?«

Die Frage ist unklug, weil es uns ja pressiert. Aber wahrscheinlich hört ihr sonst nie einer zu – der Sepp ist ja nicht gerade ein höflicher, einfühlsamer Mensch –, also lasse ich sie einen Moment reden. Dann räuspert sich Gustl, was sie zu einer Frageorgie hinreißt, wie es ihm geht und was er so macht.

Nun räuspere ich mich. Als das nichts hilft, unterbreche ich sie, was ich wirklich hasse. Menschen, die andere nie ausreden lassen, sind so anstrengend.

»Frau Hohenwarter, ich bräuchte Ihre Hilfe. Sie sind doch öfter in der *Michaelskapelle*?«

»Ja, mei, öfter ist zu viel gsagt. Wenn das Patrozinium des Heiligen Michael ansteht. Da richt ich vorher her und mach danach wieder sauber.«

»Ich würd mir die Kapelle gern anschauen. Meinen Sie, Sie könnten mir den Schlüssel mal leihen?«

»Ja warum denn des, Minnie? Steht jetzt amal die Hochzeit an? Aber so was geht ned in der Kapelle. Die solltest du in der *Frauenkirche* feiern. Mei, ich hab ja immer gemeint, es werd was mit dir und dem Sepp. Dem hättst du schon recht gefallen. Aber Liebe kann man ned erzwingen.«

Ich sage nichts darauf. Was auch? Liebe Frau Hohenwarter, ich mag Sie wirklich gern, doch Ihr verzogener Sohn hält den Mann gefangen, den ich liebe. Nachdem er ihn zweimal hat ausknocken lassen und einmal zusammengeschlagen hat? Ich fühle mich nicht gut, wenn ich lüge, also verlege ich mich auf ein schweigsames, geheimnisvolles Lächeln. Für ihre Schlussfolgerungen bin ich ja nicht verantwortlich. Ich bin jedoch erstaunt, dass der Sepp von mir gesprochen hat. Wollte er doch nicht nur dem Alex eins auswischen?

»Der Herr Romberger geht mit, Sie brauchen sich keine Sorgen um den Schlüssel und die Kapelle zu machen«, versichere ich ihr. Und denke mit zusammengebissenen Zähnen: um Schlüssel und Kapelle nicht, dafür um Ihren Sohn, der vermutlich ins Gefängnis muss.

»Minnie, freilich kriegst du ihn, auch ohne den Herrn Romberger. Du bist ja ein braves Mädel.«

Kruzifünferl, der Satz lässt den Ausschlag auf dem Schlechtes-Gewissen-Barometer in die Höhe schnellen.

Sie verschwindet im Haus, und wir hören sie im Gang am Schlüsselbrett klimpern. Dann erscheint sie wieder mit ernstem Gesichtsausdruck, doch immerhin mit einem riesigen uralten Schlüssel in der Hand.

»Du musst wirklich gut darauf aufpassen, Minnie. Ich hab schon Ärger bekommen, weil ich keine Ahnung hab, wo mein eigentlicher Schlüssel hingekommen ist. Der hängt Jahr und Tag am gleichen Platz. Und plötzlich war er weg.«

»Vielleicht hat ihn der Sepp?«, frage ich vorsichtig. Sie lacht, es klingt trotzdem traurig.

»Naa, der interessiert sich ned für die Kirch – nur für seine Arbeit. Du hast Glück, Minnie, ich hab den Zweitschlüssel vom Pfarramt gekriegt. Hoffentlich taucht meiner bald wieder auf!«

»Ja, so ein Glück. Ich drücke Ihnen die Daumen«, sagt das brave Mädel und meint es ganz ehrlich. Na freilich hat der Sepp den Schlüssel der Mama genommen – das ist das erste Indiz dafür, dass meine Ahnung stimmen könnte.

Gleich darauf sind wir mit dem Zweitschlüssel unterwegs in die Stadt. Vorbei geht es an der Burg, wo wir das Auto im Hof abstellen. Das Parken ist hier nicht einfach, doch Gustls Auto kennt jeder Wasserburger, das schleppt keiner so schnell ab, auch wenn es auf dem Besucherparkplatz fürs Seniorenheim steht. Witzigerweise befindet sich die Kapelle in direkter Nachbarschaft meiner Mutter.

»Dass die Traudl nix mitgekriegt hat«, höre ich meine Gedanken aus Gustls Mund. Ja, das wundert mich allerdings auch. Und wenn nicht sie, dann doch ihre Planetenkonstellationen, möchte man meinen.

Wir eilen die etwa fünfzig Meter weiter den Berg hinunter und bleiben vor dem Holzportal der Kapelle stehen, die ich neulich erst in Rahmen der Führung besucht habe.

Michaelskapelle auf der Burgseite

Ich spähe durch die alten Scheiben, um zu ergründen, was im Inneren – hinter der Spinnenleiche, die direkt hinter dem Fenster klebt – vor sich geht. Der Raum sieht so verlassen aus wie sonst. Wir halten das Ohr an die dicke Holztür und hören nichts. Außer einem Nieser von mir. Der Hals kratzt immer mehr, und die Augen tränen auch. Da entwickelt sich eine veritable Grippe – wie der Bayer zum grippalen Infekt, sprich Schnupfen, sagt. Die nächsten Tage liege ich sicher flach. Aber nicht, bevor ich Alex gefunden habe!

Vom Sepp ist nichts zu sehen, dafür steckt die Traudl den Kopf aus dem fast benachbarten Haus. Uns bemerkt sie, den bösen Buben nicht!

»Was macht ihr denn da? Wartet, ich komm runter.«

»Fang sie ab«, sage ich zum Gustl, der mir wohl gerade das Gleiche auftragen wollte. Ich war schneller und habe den Schlüssel. Deshalb darf ich aufsperren, und er muss die Traudl in Empfang nehmen und die Fragen abwürgen. Kein leichter Job.

Im Gegensatz zur ehemaligen Gruft und jetzigen Kirche – eine Etage darunter – ist es in diesem Innenraum hell und freundlich, was an den vier großen und einem kleinen Fenster zum Kirchhofplatz liegt.

Die Kapelle ist in nicht mehr ganz sauberem Weiß getüncht und hat ein schönes Kreuzrippengewölbe. Für die Besucher stehen gegenüber vom leicht erhöhten Altar einfache Holzstühle bereit. Über eine Holztreppe kommt man in den Kirchenraum hinunter. Ich steige mit der Hand am Geländer die ersten Stufen hinab, dann halte ich auf dem kleinen Podest inne, an dem die Treppe einen 45-Grad-Winkel nimmt. Ich höre Gustl und Traudl hinter mir diskutieren, blende das jedoch aus. Mein Herz klopft mir bis zum Hals, der sich neben kratzig nun noch dazu staubtrocken anfühlt. Was mache ich, wenn er nicht an diesem Ort ist? Wo suche ich dann?

»Alex? Bist du hier?«

Ich bringe zögernd die letzten drei Stufen hinter mich und frage wieder: »Alex?« Und ganz leise, denn es könnte mich auch Furchtbares erwarten: »Bitte, du musst hier sein.«

Und da höre ich seine Stimme, heiser und angestrengt: »Minnie? Gerhard, wach auf, sie hat uns gefunden.«

Ich fliege praktisch um das Treppengeländer herum und finde meinen Freund samt Ermittlungspartner unterhalb des Eingangsbereichs. Verschnürt, erschöpft, aber mit einem glücklichen Grinsen im Gesicht, das erneut ein blaues Auge ziert. Ansonsten schaut er nicht weiter lädiert aus.

Ich knie mich vor ihn und muss ihm erst einmal ein erleichtertes Busserl auf den Mund drücken. Als sich Gerhard beschwert, bekommt er ebenso eins, denn ich bin so froh, sie beide gesund vor mir zu haben.

Hinter mir höre ich George die Treppen hinunterklackern, er war wohl bei Traudl. Auch er verteilt feuchte Küsse an die Männer, die sich nicht wehren können. Sie sind nicht geknebelt, weil durch diese dicken Mauern sowieso kein Laut nach außen dringt. Die Fenster sind zu hoch über dem Kirchhofplatz und die Holztür befindet sich quasi in einem anderen Stockwerk.

Gerade, als ich die letzten Klebebänder von Gerhards Armen löse und Alex schon seine Beine befreit, höre ich Traudls Aufschrei, ein empörtes »Ja, sag mal, spinnst du!« vom Gustl und das Knallen des soeben geschlossenen Portals.

Und ich weiß, wer gekommen ist: der böse Bube!

Nun helfen Alex und ich zusammen, damit auch Gerhard alle Viere bewegen kann. Beide Männer haben schmerzverzerrte Gesichter, weil in ihren Beinen vermutlich eben das Blut so richtig zu zirkulieren beginnt.

Ich flüstere Alex zu: »Keine Dummheiten, Hase, nicht dass er dich jetzt noch erschießt!«

Alex schaut so grantig und abgelenkt aus, dass ich ihn erst zwicken muss, bis er es verspricht.

»Ihr wolltet sicher die Kapelle besichtigen«, höre ich Sepp mit einem niederträchtigen Lachen zu Gustl und meiner Mutter sagen.

»Sepp, es ist aus, lass uns zur Polizei gehen. Wenn du gestehst, kommst du besser aus der Sache raus«, versucht es der Gustl mit der Stimme der versöhnlichen Vernunft.

Meine Mutter macht jede Deeskalation zunichte, indem sie dem Kerl die Meinung geigt: »Was fällt dir ein, Sepp? Ich bin sehr enttäuscht von dir! Du betrügst arme Menschen, obwohl es deine Mutter selbst so schwer gehabt hat. Und bringst deine Partner um.«

»Wenn die Leute so dumm sind, bekommen sie eben die Quittung dafür. Ich bin sowieso auf dem Sprung. Bis die Polizei hier aufkreuzt, bin ich weg. Und umgebracht hab ich niemanden, Frau Mayrhofer, obwohl es mich beim Alex schon gejuckt hätte. Schnappt der mir die Minnie weg. Apropos, sie ist sicher auch irgendwo. Minnie? Bist du da unten?«

Alex und ich schauen uns an. Er schüttelt den Kopf und gibt Zeichen, dass ich mich verstecken soll, aber das will ich nicht. Nachher erschießt der Sepp den Alex doch noch. Außerdem kann das nur ein paar Sekunden gut gehen, denn die Möglichkeiten sind eher rar gesät. Oder soll ich mich hinter irgendwelchen Kisten zusammenrollen? Nein, das kommt nicht in Frage!

Ich trete stattdessen in die Mitte des Altarraums und sehe zu den Dreien auf der Empore hoch. Sepp steht mit einer Waffe in der Hand neben Gustl und Traudl, der Lauf zeigt auf die beiden.

»Servus Sepp«, mehr fällt mir gerade nicht ein. Also nichts, was irgendwie für eine positive Entwicklung der Situation förderlich wäre.

»Die süße Minnie, wie immer da, wo sie besser nicht wäre.«

Dann befiehlt er: »Geht runter zu ihr. Aber zackig.«

Ich sehe im Gesicht meiner Mutter Zorn und in dem vom Gustl fieberhaftes Überlegen. Ablenken, am besten alle drei, bevor einer etwas Saublödes anstellt!

»Du hast Rita wirklich nicht ermordet, Sepp? Wer war es dann?«

Er schüttelt den Kopf, als er hinter den beiden die Treppe hinunterschlendert. Sehr lässig – Mr. Oberwichtig und Joe Cool in einer Person. »Dass du mir einen Mord zutraust, das ist schon heftig, Minnie.«

»Was meinst du erst, wie heftig es für deine Mutter wird, wenn du im Gefängnis sitzt, Sepp, das hat sie echt nicht verdient.«

Ein klitzekleines Quäntchen Mitleidsanwandlung huscht über sein Gesicht. »Deswegen mach ich mich aus dem Staub, bevor sie mich erwischen. Und meine Mutter wird keine Not mehr leiden müssen. Ich hab genug Geld, dass sie einen ruhigen Lebensabend genießen kann.«

»Glaubst du wirklich, dass sie Geld nimmt, von dem sie weiß, dass du es anderen gestohlen hast? Das glaube ich nicht. Es wird ihr schlechter gehen als früher.« Das ignoriert er – zumindest lässt er sich nichts anmerken.

»Ich bin vielleicht ein Betrüger, aber kein Mörder. Den habt ihr ja schon erwischt.«

Langsam kommt er auf den untersten Stufen an. Meine Mutter und Gustl sind stehengeblieben und beobachten ihn, doch keiner von uns ist Sepp nahe genug, dass er so etwas Dummes machen könnte, wie ihm die Waffe zu entreißen.

Mal abgesehen davon, dass die vermutlich entsichert ist, ist der Sepp nicht gerade ein Krischperl. Den haut nichts so leicht aus seinen Haferlschuhen. Die er natürlich jetzt zum Anzug nicht trägt.

Gerhard hustet, ich niese, und Alex sagt mit kratziger Stimme: »Sepp, du versaust dir deine ganze Zukunft. Gib auf. Ich zeige dich nicht an wegen der Entführung.«

Sepp lacht. »Ausgerechnet du! Du bist doch der Erste, der bei der Polizei sitzt.«

»Versprochen! Wenn du dich stellst. Das ist eine Anklage und viele Jahre Gefängnis weniger.«

Ich bin fassungslos, dass Alex dieses Angebot macht. Ich hatte eher Angst, dass er sich auf ihn stürzt. Sepp durchblickt Alex' Gründe schneller als ich.

»Es geht um Minnie, gell? Du hast Angst um sie. Ich hab schon überlegt, ob ich sie mit mir nehme, aber sie wäre wahrscheinlich wie ein Stock zwischen den Beinen.«

Davon kannst du ausgehen, mein Freund, denk ich grimmig. Und der Stock würde auch nicht stillhalten, sondern dich da treffen, wo es weh tut.

»Minnie, komm her und gib mir den Schlüssel. Wo hast du den eigentlich her?«

»Von deiner Mutter«, sage ich knapp und sehe, dass er vermutet, dass seine Mutter Bescheid weiß.

»Sie hat mich nicht gewarnt«, murmelt er ernüchtert.

»Sie weiß es noch nicht, Sepp. Das hab ich nicht übers Herz gebracht«, ist meine klare Antwort. Jetzt wird er glatt ein bisserl rot.

Dann streckt er entschlossen die Hand aus: »Den Schlüssel!«

Ich gehe auf ihn zu und reiche ihm den Schlüssel. Dabei streift mein Blick die Fahnen, die hier für die kirchlichen Feiern aufbewahrt werden. Sie sind für Prozessionen an Festtagen gedacht wie Fronleichnam oder Ostern. Teilweise sind sie dekorativ an der Wand aufgehängt, manche stecken aufgerollt in einem Ständer.

Sepp überrascht mich, als er, statt den Schlüssel zu nehmen, mich an der Hand packt und an sich zieht. Ich spüre die Pistole an meinen Rippen, was mir den Atem verschlägt.

»Sepp, Vorsicht!«, mehr kann ich nicht sagen, denn er küsst mich ziemlich grob. Natürlich um Alex zu ärgern, was ihm gelingt.

Ich hoffe nur, Gott hat Verständnis für das Gefluche in seiner Kirche, es ist ja doch eine besondere Situation. Ich höre ein Gerangel und wende heftig den Kopf ab. Gerhard hält meinen Freund, so fest er kann.

»Der Schlüssel!«, kommt es wieder von Sepp. Und ich bin in Versuchung, ihm diesen an den Kopf oder irgendwo in den Raum zu werfen. Aber dann wäre der Mann mit der Waffe sauer und noch länger hier drin. Ich will, dass er verschwindet. Wir kommen schon irgendwie raus. Das Fenster aufmachen und rausschreien geht immer.

Ich gebe ihm den Schlüssel, er nimmt ihn und wendet sich ab. George knurrt furchterregend, aber Traudl hält ihn glücklicherweise fest.

Die Waffe hat Sepp nun auf Alex gerichtet, und mir ist dabei nicht wohl. Ist es ihm zuzutrauen, dass er als letzten Akt – weil er denkt, er kommt ungeschoren davon – doch auf ihn schießt? Alex hätte keine Chance.

Sepp steht mit dem Rücken zu mir und schaut zu Alex hinunter. Und ich muss mit ansehen, wie er die Waffe hebt.

Während ich von Gustl ein kommandierendes »Tu es nicht, Sepp!« und ein entsetztes »Nein!« von meiner Mutter höre, mache ich einen Schritt zu einer Fahnenstange, die nicht mit Stoff bezogen und daher leichter ist. Ich ziehe das Ding in einem Ruck aus dem Ständer.

Genau zwei Schritte brauche ich, bis ich nahe genug an Sepp herankomme, um ihm mit voller Wucht das Ding unter den Arm zu knallen und diesen nach oben zu stoßen.

Der Schuss löst sich trotzdem, aber das Projektil trifft das weiße Deckengewölbe. Sepp lässt die Waffe mit einem Schrei fallen. Hab ich ihm das Handgelenk gebrochen? Die Waffe landet auf dem Treppenabsatz und schlittert bis zur Tür. Außerhalb der direkten Reichweite von Sepp.

Und dann schiebt mich Alex unsanft zur Seite und stürzt sich auf Sepp, der versucht, an seine Pistole zu kommen.

Mein sonst so friedfertiger Freund will Blut sehen, vermute ich, denn den Gesichtsausdruck habe ich an ihm noch nie wahrgenommen.

Ich glaube, Gustl und Gerhard sind ebenfalls alarmiert, denn sie sausen an mir vorbei – also Gerhard saust und Gustl keucht hinterher – und reißen Alex von Sepp herunter. Gustl redet auf Alex ein, während Gerhard eine Gegenwehrbewegung von Sepp als Angriff wertet und ihm auch eine verpasst. Ich wähle die Nummer der Wasserburger Polizei: »Hier ist die Minnie Mayrhofer. Der Gustl und ich haben die Entführten in der *Michaelskapelle* gefunden, und der Gerhard nimmt eben den Sepp fest. Kommt schnell!«

Sie sind wirklich gleich da, das Brucktor, wo sie fälschlicherweise gesucht haben, ist ja nicht weit.

Der Sepp wird abgeführt, und Gerhard bekommt eine Belobigung. Der Gustl und ich ein freundliches Dankeschön. Aber das Wichtigste ist, ich bekomme meinen Schatz zurück, den ich zu mir nach Hause bringe.

Während Alex etwas isst und trinkt, lass ich ihm die Badewanne ein. Und als er darin liegt und sich den Schmutz von Maisfeld und staubigem Boden abwäscht, fängt er an zu berichten. Ich sitze mit meinem Prosecco daneben, den brauche ich, damit ich die Erzählung nervlich durchstehe.

Außerdem habe ich immer noch den Sepp vor Augen, wie er die Waffe auf Alex richtet und abdrücken will. Ich kann es nicht beweisen, aber ich weiß einfach, dass es für Alex sehr knapp war.

Alex ist nach wie vor zornig, vor allem auf sich selbst.

»Ich bin so blöd, hab gedacht, diese Mariella ist mir auf den Leim gegangen. Derweil hat sie mir wieder die K.-o.-Tropfen verpasst und dem Gerhard auch. Und bevor die wirken konnten, hat sie uns gebeten, sie zu begleiten, weil sie uns Beweise zeigen wollte. Gegen Sepp. Und ich wollte das natürlich glauben. Dann betreten wir eine leere Lagerhalle und schwupp, steht da der Sepp mit der Pistole. Ich will mich bewegen, und ab da: Filmriss!«

Ich trinke einen großen Schluck, der mich innerlich wärmt.

»Als wir wieder zu uns kommen, liegen wir verschnürt in einem Maisfeld. Sepp und Mariella sind weg, die Handys ebenfalls, aber wir wären eh nicht drangekommen. Stattdessen hören wir die Erntefahrzeuge immer näher kommen. Wir schreien uns die Seele aus dem Leib, aber das hört natürlich niemand.«

Zwei Schlucke, das Glas ist leer. Ich hole die Flasche zu uns ins Bad.

»Wir versuchen, uns gegenseitig hochzustemmen – Rücken an Rücken – und schaffen es sogar. Dann hoppeln wir wie die Kaninchen vom Lärm weg.«

Ich kann nicht anders: Was ich höre, ist schlimmer, als ich es erwartet habe. Andererseits ist Alex wieder da, gesund und munter, und ich bin deutlich angetrunken. Ich kichere, lache laut, bis ich einen Schluckauf bekomme und zu heulen beginne. Mein Gott, ich hätte ihn fast verloren!

Alex schaut im ersten Augenblick etwas befremdet aus, dann begreift er, dass sich meine Nervenspannung soeben löst. Er erhebt sich, steigt aus der Wanne, und ich finde mich in einer tropfnassen Umarmung wieder.

»Minnie, Liebling, es ist alles gut. Dank dir! Du hast mich gerettet.«

»Wenn dich der Maishäcksler …«

»Hätte er nicht. Der Sepp hat uns schmoren lassen. Er kam uns entgegen und hat uns in seinen Wagen geworfen, äh, gelegt. Er wollte, dass wir Panik bekommen. Das war am späten Abend. Wir durften kurz umständlich an den Wegrand pieseln. Dann hat er uns hierhergebracht, uns etwas zu trinken gegeben und ist verschwunden.«

Er schweigt einen Moment, und ich lausche seinem tröstlichen Herzschlag. Viel leiser als eben noch fährt er fort:

»Als heute die Sonne aufging, hab ich an dich gedacht, Minnie. Mein Gott, ich hab die ganze Zeit an dich gedacht, welche Sorgen du dir machst. Aber heute früh war es eher …«

Er schluckt und schaut mich mit seinen schönen blauen Augen an: »Ich hatte Angst, dass ich dich nie wiedersehe, Minnie. Ich habe geheult wie ein Baby. Und Gerhard hat immer von der Erkältung gefaselt, die wir uns im Maisfeld geholt haben, weil es ihm so peinlich war. Und plötzlich höre ich deine Stimme! Das war … einfach wunderschön – der hellste Hoffnungsschimmer.«

Er drückt mich nochmals fest an sich, jetzt bin ich pitschnass, dann küsste er mich liebevoll. Nachdem ich bereits nass bin, hüpfe ich auch schnell in das warme Wasser, mit Alex' Hilfe, denn die Wanne dreht sich unter meinen Füßen weg.

»Vorsichtig, Minnie, nicht dass wir heute noch deinetwegen ins Krankenhaus müssen.«

Damit endet die Wiedersehensfeier recht abrupt. Wir sind beide so müde, dass wir sofort einschlafen.

Am nächsten Morgen kann Alex fast nicht mehr sprechen, so heiser ist er. Und meine Augen tränen, als hätte ich ein ganzes Netz Zwiebeln verarbeitet.

Trotzdem müssen wir kurz in die Inspektion, um unsere Aussagen zu machen. Dabei erfahren wir, wer was mit wem wie angestellt hat.

Sepp gibt zu, dass Raven ihn angestiftet hat, Alex und Gerhard zu entführen. Er gesteht, dass es ihm ganz recht war, weil es eben um Alex ging. Er gibt auch den Betrug zu. Und er belastet Raven mit dem Mord an Rita.

Aus der Nummer kommt Raven nicht mehr raus, inzwischen häufen sich die Indizien. Im Handschuhfach seines Wagens wird Ritas Handy gefunden. Zwar ohne Akku, damit es nicht zu orten ist. Zerstören und entsorgen wäre klüger gewesen. Das hat er nicht gemacht, weil Rita ihn erpresst hat. Sie hoffte auf Freiheit, um Hias heiraten zu können, und hat Beweise für die Betrugsfälle gegen Raven auf ihrem Handy gehortet. Das war der Punkt, an dem ihr Raven dann die Luft mit ihrem Halstuch abgedrückt hat. Er wollte die Beweise prüfen, konnte das Handy aber bisher nicht knacken. Wie dumm kann man sein, solche Beweise aufzubewahren – im eigenen Auto?

Ich persönlich werde Sepp zwar nie verzeihen, dass er auf Alex schießen wollte, bin jedoch froh, dass Sepp kein Mörder ist – wegen der Frau Hohenwarter. Das hat sie nicht verdient!

Die Rosenheimer haben darüber hinaus noch das Handy von Raven ausgewertet. Die Staatsanwaltschaft sieht die Chats als klaren Schuldbeweis für den Mord. Raven hat sich mit Rita kurz vor ihrem Tod verabredet. Die Ortung ergibt, dass er dort im Maisfeld war, wo sie gestorben ist.

Mit der Aussage von Sepp, mit Ritas Handy, den Gesprächen, die die *Eventers* belauscht und zu Protokoll gegeben haben, und der Tatsache, dass Belle ihm kein Alibi verschafft hat, ist die Sache klar.

Alex erhebt wirklich keine Anklage – wegen Frau Hohenwarter.

Aber der Staatsanwalt tut es. Sepp wird auch sicher nicht mit Bewährung davonkommen, auf seine Kappe gehen Körperverletzung, Entführung, die Betrugsgeschichte – mal ganz abgesehen von der Hinterlist seines Tuns.

Bei Mariella ist es fraglich: Wenn sie viel Glück hat, werden der kleinen Dating Queen eine saftige Geldstrafe, eine Gefängnisstrafe auf Bewährung und hoffentlich viele hundert Sozialstunden verpasst. Aber auch Gefängnis ist nicht ausgeschlossen, denn immerhin wusste sie, dass der Sepp meinem Schatz »eine aufs Maul geben« wollte.

Also alles paletti auf der Kriminalfall-Ebene. Privat ist allerdings noch einiges nicht im Reinen.

Farben am Horizont

Was die Grippe angeht, war meine Ahnung richtig. Alex und mich erwischt es heftig – wir liegen eine Woche flach, was niemanden zu stören scheint. Alex' Chef vermisst seinen Mitarbeiter sowieso nicht, solange der wieder ein blaues Auge hat.

Und so kurieren wir uns aus, derweil draußen das echte Novemberwetter loslegt: unangenehmer Regen und ein eisiger Wind, der die schön gefärbten Blätter von den Bäumen fegt und Wasserburg von einem Tag auf den anderen ungemütlich wirken lässt. Wir kuscheln auf der Couch, trinken viel Tee und heiße Schokolade mal mit Schuss, mal ohne.

Die netten *Eventers*, Mikey und Steven, kümmern sich darum, dass George vor die Tür und wieder ins Haus kommt, und Gustl und Traudl gehen sogar im strömenden Regen mit ihm spazieren.

Wir schauen fern, bis unsere Augen eckig werden: Herr der Ringe, alle Teile am Stück, die München-Mord-Krimis und alle weiteren Lokalkrimis. Bei Game of Thrones lege ich ein Veto ein, das reicht mir einmal im Leben, auch wenn es eine tolle Serie ist.

Schließlich landen wir bei immer älteren Filmen wie Miss Marple und Hercule Poirot, Hitchcock und die Claude-Chabrol-Reihe des Film noir, der schonungslos das wirklich Böse zeigt. Die ganz frühen Psychothriller gewissermaßen.

Und wir machen uns einen Scherz daraus, zu zählen, wie oft der Fall gelöst wird mit »Cherchez la femme« oder »Folgen Sie dem Geld, Watson«. Wir schlafen viel und erholen uns.

Bis eines Tages eine wutschnaubende Traudl zu Besuch kommt. Während sie mit zuckersüßer Stimme meinem Hund Leckerlis kredenzt, regt sie sich furchtbar auf.

»Jeder meiner Bekannten redet mich darauf an, dass ich dem Verbrechen die Tür geöffnet habe.«

»Wieso das, Traudl?«, wage ich die Frage.

»Wegen dem Laden. Weil dieser geschminkte Kasperl« – sie hat wohl viel mit Gustl darüber geredet – »mir meinen Ruf versaut hat. Ich hätte einen Mörder nach Wasserburg gebracht. Margarethe hat sogar angedeutet, ich sei am Mord schuld.«

Ich bin geschockt.

»Deine Freundin – das ist ja der Hammer! Die drei haben doch vorher schon in anderen Städten ihren Betrug abgezogen. Den Mord hat es ja nur gegeben, weil sich Rita in den Hias verliebt hat. Also das finde ich echt unfair, Traudl.«

Ich muss mich tatsächlich aufregen, dass meiner Mutter so Unrecht getan wird. Das ist auch ein Novum für uns beide.

»Auf jeden Fall will ich, dass der Laden geräumt wird. Ich weiß nur nicht, wie ich das dem Kind sagen soll.«

»So wie es ist, Traudl«, schlägt Alex vor, ohne richtig die Nase aus der Zeitung zu heben. Ich dagegen frage mitleidig: »Soll ich mit ihr reden? Ich hab einen ganz guten Draht zu ihr.«

Sie schaut mich an, als hätte ich ihr eine Gerölllawine von den Schultern gerollt.

»Würdest du das tun, Arminia? Das wäre wirklich eine große Erleichterung für mich.«

»In Ordnung, ich gehe nachher gleich zu ihr runter.«

Nachdem ich mich fit fühle und bis auf eine wunde Nase wie die normale Minnie aussehe, spaziere ich zu Susa hinunter.

Alex schaut sich derweil das erste Skirennen der Saison an, nächste Woche heißt es für ihn wieder ab in die Arbeit. Die Augen sind nur noch da blau, wo sie es schon seit seiner Geburt sind. Alex hat überhaupt gute Gene mitbekommen. Er sieht genauso aus wie sein alter Herr. Ich weiß also, dass ich – wenn wir zusammenbleiben – auch im Alter einen attraktiven Mann mit blauen Augen haben werde. Simon Feichtner ist nicht mehr ganz so schlank wie sein Sohn, hat aber weißes volles Haar und trägt einen weißen gepflegten Vollbart.

Susa hat eine Kundin, die sie freundlich berät. Jonas sitzt am Tisch neben der Kasse, die er bedient, ansonsten ist er wohl beruflich eingebunden. Er nickt geistesabwesend, weil er meint, ich ginge in die Werkstatt. Doch ich bleibe neben ihm stehen.

»Servus, Jonas. Wenn ihr beide Zeit habt, wollt ihr dann bitte mal zu mir rüberkommen?«

Er schaut mich mit großen Augen an. »Ist was passiert?«

»Nein, Gott sei Dank nicht. Aber wir müssen reden, wie es weitergeht.«

Ich sage es ganz offen, so können sie beratschlagen, was sie auf dem Herzen haben oder sich einigen, was sie planen, bevor sie auftauchen. Ich bemale derweil ein Alpaka »bunt-gelockt«. Ja, ich erhalte nach wie vor Folgeaufträge von dem Hoffest, und mittlerweile liebe ich die flauschigen Tierlein. Ich produziere vier Reihen: Bunt-gelockt, gestreift, Langhaar und bayerische Alpakas, die in Annamirls Laden reißenden Absatz bei den Touristen finden. Sie sind aber auch putzig mit dem Trachtenhut zwischen den Ohren und dem kleinen Wiesn-Herzerl um den Hals.

Etwa zehn Minuten später erscheinen Jonas und Susa. Sie sehen beunruhigt aus.

Ich stelle für alle etwas zu trinken hin, dann starte ich das unangenehme Thema. »Meine Mutter war vorhin bei mir und wollte gerne wissen, was ihr jetzt geplant habt. Das geht mir ebenso, es ist ja viel passiert. Fühlt ihr euch denn überhaupt noch wohl mit dem Laden und den Verpflichtungen? Und du, Jonas, arbeitest ja eigentlich ganz woanders, oder?«

Beide sprechen gleichzeitig. »Ich bin so froh, dass du unser Problem erkannt hast, Minnie.«

Ich muss lachen, als ich in ihre erleichterten Mienen blicke.

»Also, es gibt ein Problem? Lasst uns doch bitte offen reden.«

Jonas beginnt, hält dabei Susas Hand.

»Ich muss zurück nach München, will aber Susa nicht mit alledem hier allein lassen. Ich konnte zwei Wochen Homeoffice raushandeln, die sind am Montag rum.«

Ich sehe Susa an, der das Unbehagen ins Gesicht geschrieben ist. »Susa, macht es dir noch Freude, den Laden zu führen?«

Sie schüttelt langsam heftiger werdend den Kopf.

»Wenn Jonas nicht mehr da ist, nicht. Außerdem habe ich immer noch keine Wohnung. Das ist ja auch kein Dauerzustand: hier zu schlafen und ab und zu bei dir zu duschen. Es ist mir unangenehm, Minnie.«

Ich mustere sie nachdenklich. »Was ist die Alternative? Kannst du zurück?«

Susa wird rot. Ich weiß ja, dass sie sich wegen Raven mit ihren Eltern gestritten hat.

»Ich habe mich bei meinen Eltern entschuldigt.«

»Respekt, Susa, das hat sicher Mut erfordert.«

»Ja, aber sie waren so froh, dass ich mich gemeldet habe und Raven weg ist. Ich kann jederzeit nach Hause.«

»Oder mit mir zusammenziehen«, fügt Jonas an.

»Und was willst du, Susa?«, frage ich, denn bei aller Liebe zu Jonas sollte sie nicht aus schlechtem Gewissen tun, was er will.

»Ich will nicht in Jonas' Studentenbude ziehen. Ich gehe zurück zu meinen Eltern und suche mir eine Lehrstelle als Dekorateurin oder so. Und sobald ich Geld verdiene, suchen Jonas und ich uns was zusammen.« Damit kann Jonas dem Grinsen nach leben.

»Du bist ein kluges Mädchen«, meine ich fast schon bewundernd. Nun sieht sie etwas bedropst aus. »Aber ich mache deiner Mutter Sorgen, Minnie. Sie war so lieb und hat uns den Laden vermietet. Und jetzt mache ich mich aus dem Staub.«

Ich beruhige sie – allerdings, ohne das Gespräch mit Traudl vorhin zu wiederholen.

»Traudl findet wieder einen Mieter, mach dir keine Gedanken. Ich glaube, ihr werdet euch auf einen Mittelweg einigen können, was die kurzfristige Kündigung angeht. Ich rede mit ihr, okay? Wann wollt ihr hier die Zelte abbrechen?«

»Wenn möglich, schließe ich in zwei Wochen. Ich muss es ja vorher veröffentlichen, nicht dass jemand umsonst herfährt.«

So viel Verantwortungsbewusstsein in diesem jungen Alter!

Traudl ist überglücklich und kommt Susa mit der Kündigungszeit entgegen. Und ich hole mal wieder das Schild »Laden zu vermieten« aus dem Keller.

Gerhard berichtet uns, dass die Gelder an die Betrogenen zurückgehen, soweit diese noch herauszufinden sind.

Und so erhalten wir eines Tages eine Postkarte von Frau Hell aus Griechenland: »Liebe Minnie, lieber Alex, mein Traum ist wahrgeworden dank euch. Ich verlebe traumhafte Zeiten in Athen, auf den Inseln und auf dem Schiff. Mit einer charmanten Bordbegleitung – aber kein Wort über ihn zu Manuel! Efcharisto! Es grüßt euch herzlichst eure Irmgard Hell.«

»Schon schön«, murmele ich bei der Betrachtung des türkisen Wassers und der Pinienbäume, und Alex merkt auf. »Wir können gern im nächsten Sommer hinfliegen, Minnie.«

Ich nicke nachdenklich. »Das wäre toll. Zuerst muss ich mich mal wieder an einen Nachmieter gewöhnen. Und dann kommen ja deine Eltern, es gibt eine Vernissage vorzubereiten.«

Alex' Eltern sind schon etwas älter und haben den Schritt gewagt, ihre Rente im Ausland zu genießen. Wir haben sie ein paar Mal am Gardasee besucht, wo sie sehr glücklich sind. Seine Mutter Gundi malt wunderschöne Landschaften und plant im Winter eine Ausstellung, die meine Mutter im *Ganserhaus* organisieren soll.

Alex' Vater liebt es wie der Gustl, Unterhaltungen zu führen. Ich mag seine Eltern richtig gern. Sie akzeptieren mich so, wie ich bin, schließlich ist Gundi ebenfalls Künstlerin. Bis auf das kleine Manko, dass ich noch nicht Alex' Kind unter dem Herzen tragen will beziehungsweise mich nach wie vor nicht entschließen kann, ihn zu heiraten.

Alex pfeift durch die Zähne. »Stimmt, gut, dass du es sagst. Ich muss noch meine Wohnung vorbereiten. Hältst du es aus, wenn ich für die Zeit ganz bei dir bleibe?«

Ich schaue ihn an und muss grinsen: »Was machst du, wenn ich nein sage?«

Er runzelt die Stirn. »Basti fragen, oder einen aus meiner Whiskygruppe.«

»Welche Whiskygruppe?«, frage ich perplex.

»Wir haben uns auf dem Tasting vor zwei Wochen kennengelernt und treffen uns demnächst mal. Einer von ihnen ist Single, da käme ich schon unter.«

»Du könntest auch einfach nur sagen: Bitte, liebe Minnie, nimm mich auf. Ich spüle abends auch ab, wenn du kochst.«

»Das reicht? Du warst schon mal härter mit mir«, meint er schmunzelnd.

»Ja, aber seitdem ist viel passiert«, sage ich leise, weil wieder Sepp mit der Waffe vor meinem inneren Auge erscheint.

Alex nimmt mich in die Arme und legt seine Wange auf meinen Kopf. »Es ist alles gut, Minnie. Und natürlich spüle ich ab, wenn du kochst.«

Ein friedvoller Moment des Schweigens folgt, der von Alex bald torpediert wird. »Aber einmal pro Woche sollte Lasagne dabei sein.« Und zählt weiter auf: »Fleischpflanzerl, Schweinsbraten, Gulasch.«

Ich seufze aus tiefstem Herzen. »Das ist viermal Fleisch, Hase. Dafür gibt es an den anderen drei Tagen keins! Und du kaufst ein!« Nun seufzt es über meinem Kopf. »Also gut.«

Traudl ist eifrig auf Mietersuche und »not amused« über unseren Vorschlag, nächstes Mal statt des vielen Schwarz lieber eine lebhafte Drag-Queen mit Modeatelier aufzunehmen. An den Häusern erkennt man ja, dass wir Wasserburger es bunt mögen. Und den Regenbogen hatten wir schon bei Harriett.

Traudl fertigt mich recht harsch ab: »Etwas Gediegenes, Hochwertiges, Klassisches muss her. Nein, kein Notar oder Anwalt, Minnie. Das habe ich dir versprochen. Ich muss ein bisschen nachdenken.«

Alex sieht so aus, als hätte er das gerade getan.

»Ich habe eine Idee, ich frage da mal nach.«

Allmählich fühle ich mich von dem ganzen Trubel gestresst. Ich will meine Ruhe und Fantasiezeiten zurück. Bevor ich grantig werde und die Leute vor den Kopf stoße. Oder mich mit Freund oder Mutter über Belangloses streite.

»Kann ich …«, setze ich an. Alex grinst, gibt mir ein Busserl und beendet meinen Satz: »Du darfst auf jeden Fall in deine Werkstatt gehen: Wenn meine Idee klappt und auch jetzt sofort.«

Ende

Krimi-Minnies vierter Fall

Wer wohl in den Laden einzieht?
Hier hat dieses Mal Alex die Hand im Spiel, aber ob das Minnie glücklich machen wird? »Hochprozentige« Verwicklungen und Kopfschmerzen sind garantiert.

Und was sagt Minnies Hund George zu den Klängen aus der Werkstatt: Kommen sie vom Geigen- oder Katzengejammer? Die Vernissage von Traudl und Alex' Mutter hat es nämlich in sich!

Dann wird ein Toter in der Wohnung eines Whiskyhändlers gefunden, der einen Geruch an sich hat, der Minnie an eine Moorleiche erinnert.

Hintergrundinfos

Habe ich schon erwähnt, wie sehr ich Wasserburg mit seinen alten Mauern und Gassen liebe? Auf einer Führung von Ilona Picha-Höbert und Irene Kristen-Deliano habe ich die Location *Michaelskapelle* gefunden, zu der man sonst keinen Zutritt hat.

Wasserburg bietet über das Jahr verteilt viele Highlights: Neben Konzerten im Rathaussaal und Marktsonntagen an bestimmten Terminen gibt es den Taubenmarkt, »Wasserburg läuft«, das Frühlings- und das Nationenfest, das Weinfest, den Nachtflohmarkt, das Inndammfest, »Wasserburg leuchtet« und an den Adventswochenenden den Christkindlmarkt. Und natürlich jede Menge an Events im nahen Umkreis wie ein Alpaka-Hoffest.

Und die Geschäfte, Cafés und Eisdielen sind ein wichtiger Teil der Stadt – nicht nur für den Gustl: die *Wasserburger Markthallen* und der *Stechl-Keller*, die *Bohnenrösterei Rechenauer* und die *Deliano-Backstube*, der *Bergmeister* und die *Schranne*. Am Abend laden verschiedene Lokale wie der *Rote Turm*, das *El Paso* und das *Queens* ein. Und es gibt natürlich noch viele mehr, die sicher in den nächsten Minnie-Geschichten ihren Platz finden werden. Manche Örtlichkeiten habe ich umbenannt, wenn dort Illegales passiert, das »auf meinem Mist gewachsen ist«.

Vieles andere ist natürlich ebenfalls fiktiv, wie das Vorgehen der Polizei Wasserburg: Die Beamten passen schon auf, dass kein Gustl in die heiligen Hallen spaziert und Verdächtige befragt.

Auch die Schlüsselproblematik und einiges an der Einrichtung der *Michaelskapelle* sind erfunden, damit es in die Geschichte und zum »Showdown« passt.

Der Club in Wasserburg heißt eigentlich *Universum*. Dort habe ich auch gelegentlich meine Kinder von der Disco geholt. Den Namen habe ich abgeändert, weil die K.-o.-Tropfen natürlich geschäftsschädigend wären und ich dem *Uni* so etwas keinesfalls anhängen möchte.

Aber das ist eben die Freiheit, die ein Autorenhirn manchmal bemühen muss, damit man die Hobbydetektive einbinden kann und möglichst nah an der Realität und dem Ort bleibt. Und man sieht ja in vielen Krimis, dass ich da nicht die Einzige bin. Also habt bitte Nachsicht mit mir.

Datingportale sind für mich persönlich ein Buch mit sieben Siegeln, schließlich habe ich meinen Mann bereits auf der Abiturfahrt kennen und lieben gelernt. Aber ich weiß von einigen Menschen, die so ihr Glück gefunden haben, andere erlebten nicht so Schönes. Man braucht sicherlich Mut dazu und sollte diese Möglichkeiten mit Vorsicht nutzen – wie die Minnie es beispielsweise rät. Auch hier hatte ich glücklicherweise erfahrene Menschen als Berater an meiner Seite.

Betrüger wie Sepp, Raven und Rita gibt es leider zuhauf, die freundliche und manchmal leichtgläubige Menschen übers Ohr hauen. Mal ehrlich, wenn man angerufen wird, dass sein Bankkonto in Gefahr ist, da kann schon mal der Instinkt von der Panik unterdrückt werden. Oder noch gemeiner finde ich die Variante, von einem Familienmitglied zu erzählen, das einen Todesfall bei einem Unfall verursacht hätte. Nur mit viel Geld für einen Anwalt könne man ihn/sie vor dem Gefängnis bewahren. Das ist eine Sauerei – anders kann und mag ich es nicht sagen. Und auf gut bairisch: »Schamts eich gar ned?« (Schämt ihr euch denn überhaupt nicht?) Hier an alle freundlichen und manchmal leichtgläubigen Menschen: *Ihr* müsst euch nicht schämen, das ist der Part der Betrüger! Aber seid vorsichtig, lasst euch nicht überrumpeln, sondern ruft lieber Freunde und Familie oder die Polizei an (mit der selbst herausgesuchten Nummer der Inspektion vor Ort)!

Das Gothic-Thema habe ich ernsthaft recherchiert. Ich hoffe, ich habe es richtig in die Geschichte integriert und bin niemandem ungewollt zu nahegetreten. Jedem seien sein Mode- und Musikgeschmack oder seine Weltanschauung erlaubt, solange dadurch niemand diskriminiert oder gefährdet wird.

Mariellas Facebookgruppe ist rein erfunden und sicher nicht auf ewig zeitgemäß. Ich selbst bin hauptsächlich in Autoren- und Lesergruppen unterwegs oder folge auf Instagram den Naturfotografen und Reisenden, die mir die beeindruckende weite Welt mit all ihrem Zauber näherbringen.

Ja, und das ist Tatsache: Maishäcksler fahren wirklich oft in der Nacht, denn Zeit ist Geld. Ich wohne zwischen den Feldern.

Übrigens: Ich bin auch begeisterte Vespafahrerin und hatte in einer schmalen Berggasse am Gardasee eine Begegnung mit einer »Lastenvespa«: Auf dieser saß ein Mann, der hinter sich einen Koffer geschnallt hatte, zwischen seinen Beinen standen zwei Taschen und in der linken Hand hielt er einen riesigen Koffer. Mann und Gefährt passten gerade durch die Gasse. Entweder handelte es sich um ein Automatikfahrzeug, oder er ist alles im ersten Gang gefahren – angehört hatte es sich so, denn er hatte keine Hand frei zum Schalten. Nicht auszudenken, wenn er hätte bremsen und irgendwie wieder anfahren müssen.

Ich bedanke mich vielmals für die Recherchehilfe:

Beim Alpakahof der Chiemgau-Alpakas (chiemgau-alpakas.de): Mein Mann und ich durften die Tiere beobachten und fotografieren (Näheres dazu auf meinem Blog unter www.monika-nebl.de).

Ich bin ein Pferdemensch, die deutlich kleineren Alpakas haben mir allerdings mehr Respekt eingeflößt, weil sie sich anders bewegen und verhalten und daher völliges Neuland für mich waren.

Bei Witgar Neumaier für sein kritisches Auge, das meinen Betrugsfall bzw. die dazugehörige Arbeit der Polizei unter die Lupe genommen hat.

Bei Ilona Picha-Höberth (Geschichten, Bilder und mehr, www.picha-hoeberth.com) und Irene Kristen-Deliano (StadtEntdeckerInn, www.kristen-deliano.de) für ihre Führung, die mir Wasserburg geschichtlich und fantastisch ein Stück nähergebracht hat. Ihre besonderen Erzählführungen kann ich sehr empfehlen. Diese haben sie in einem Buch verarbeitet »Wasserburg mit anderen Augen sehen«, das unter ISBN 978-3939078166 erhältlich ist.

Habt ihr eine Minute Zeit?

Zunächst ein herzliches Danke an alle, die mein neues »Projekt« gelesen haben.

Niemals – wirklich niemals – wollte ich auf den Regionalkrimizug aufspringen.

Meine einzige Entschuldigung: Wasserburg hat mich inspiriert. Ich habe vier Kurzgeschichten für die Anthologien mit meiner Stammtisch-Crew, den Rosenheimer Autoren, geschrieben. Diese sollten im Chiemgau oder Inntal spielen. Und auf einmal waren sie da: zuerst die Toni, danach die Minnie und das Verbrechen in Wasserburg.

Wenn es euch gefallen hat, dann freue ich mich über ein kurzes Feedback. Am liebsten als Rezension, aber auch gerne über Social Media oder persönlich.

Bairisch-hochdeutsches Glossar

Agrat = ausgerechnet oder auch sorgfältig, penibel (von akkurat)
Am Krawattl haben = jemanden in die Enge treiben
Aufzwicken = jemanden – meist liebevoll – necken
Batz = Schlamm, Dreck, Morast
Bisserl = bisschen
Busserl = Kuss
Dahin gehen, wo der Bartl den Most holt = den Schuh aufblasen
Ein bisserl neben der Spur = verwirrt
Einfach gestrickt = naiv
Einkasteln = einsperren
Eingschnappt = beleidigt
Etwas hat sich gwaschen = deutlich ausgeprägt, beispielsweise eine *Watschn* = Ohrfeige
, gell? (Nachsatz) = , nicht wahr?
Goschn = Mundwerk
Grantig = böse, schlecht gelaunt
Gschau = Gesichtsausdruck
Gscheithaferl = Klugscheißer
Gschleckt = zu sehr gestyltes Auftreten
Gstandenes Mannsbild = Gut gebaut, kein Spargeltarzan und kein Jugendlicher mehr
Hausl = Hausmeister
Herumpfludern = sich lebhaft (in der Luft) bewegen
(Lose Federn, Vögel und eben Lebensgeister)
Herzkasperl = Herzinfarkt
Hinterfotzig = hinterlistig, auf die bösartige Weise
Hundling = Dreckskerl, manchmal Hochachtung wegen Raffinesse

Jemandem das Kraut ausschütten = einen für alle Zeiten verärgern
Kasweiß/kasig = leichenblass
Krachert = auffällig und vielleicht ein bisserl derb
Mistpritschn = blöde Kuh
Pfundig= saugut (lecker), toll
In der Reißn haben = in der Mangel
Ratschkatl = Jemand, dem man besser kein Geheimnis anvertraut
Schiach = hässlich
Schisser = Angsthase
Schlaks = ein hochaufgeschossener dünner Mensch
Schlauchen = wenn etwas schlaucht, dann strengt es an
Schmarrn = Unsinn
Sandeln = tritscheln, trödeln
Speis = Lagerkammer, meist neben der Küche
Spezi = Freund, manchmal mit Wertung/Warnung (Komm du mir heim, Spezi!)
Spechten = spähen, heimlich gucken
Strawanzen = durch die Gegend ziehen
Strietzi = durchtriebener Kerl
Wurscht = wenn es einem egal ist oder das Metzgerei-Erzeugnis
Verhunzt = verpatzt
Viecherl = Tier
Wief = listig
Wuid = wild
Zampappt = zusammengeklebt
Ziach = (Zieh-)Harmonika

Karte von Wasserburg

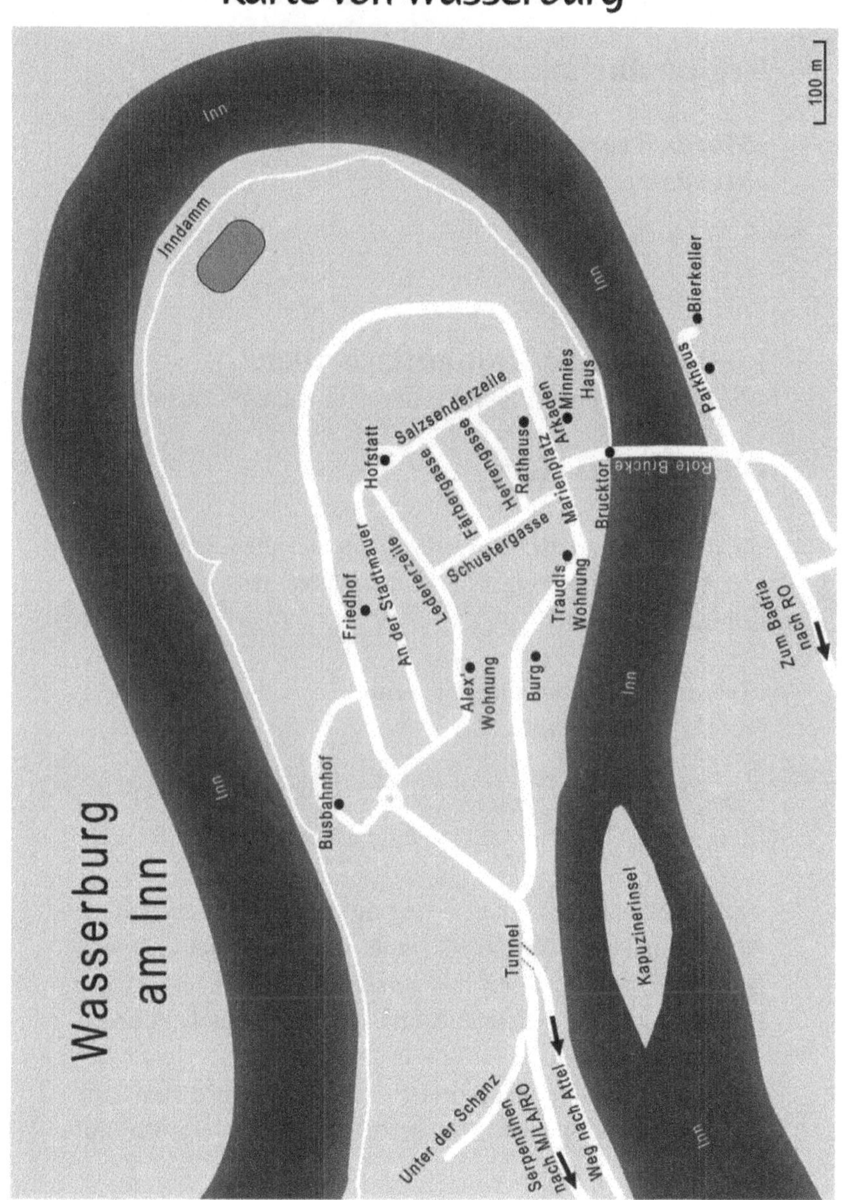

Weitere Bücher der Autorin

Regionalkrimi:

»Mords-Trara«, Band 1
»Mords-Kaliber«, Band 2

Liebesromane/Romantikthriller:

(Veröffentlicht unter dem Pseudonym Katie S. Farrell)

Die Dawson-Reihe

Jeder Roman der Dawson-Reihe ist in sich abgeschlossen und kann unabhängig von den anderen gelesen werden. Kein Cliffhanger!

»Jolene – Sehnsucht im Herzen«
Die Dawsons, Band 1

Den Mann vergessen oder stalken? Einfühlsamer Liebesroman mit Nervenkitzel auf einer modernen Ranch

Soll sich die attraktive Jolene auf eine leidenschaftliche Affäre einlassen, obwohl sie unter der unerwiderten Liebe zu Raine Dawson leidet? Der verschlossene Polizeichef von Boulder hütet ein Geheimnis und scheint keineswegs an ihr interessiert zu sein.

Jolene leitet eine Ferienranch, aber ein Mord und eine Gruppe Jugendlicher stellen ihr Leben mit einem Mal auf den Kopf.

Als Raine erkennt, dass der Mörder ganz in Jolenes Nähe ist, müsste er handeln! Doch berechtigte Bedenken halten ihn zurück. Ist Jolene damit verloren?

»Erin – Zauber der Insel«
Die Dawsons, Band 2

Fliehen oder lieben? Bewegender Liebesroman mit viel Nervenkitzel im geheimnisvollen Irland

Kinderpsychologin Erin folgt ihrem Traummann Josh auf die magisch scheinende grüne Insel, doch dort wartet nicht nur eine heiße Affäre, sondern auch ein Mord auf sie.

Josh Sinclair, Erbe eines Guts in Irland, erobert ihr misshandeltes Herz mit seiner Leidenschaft.

Kann Erin dem smarten Iren vertrauen? Denn ihr Liebhaber hätte einen guten Grund gehabt, diesen Mord zu begehen!

»Savannah – Lockruf der Freiheit«
Die Dawsons, Band 3

Spiel mit zu hohem Einsatz? Mitreißender Liebesroman mit viel Nervenkitzel im mondänen Denver

Mühsam erholt sich die kämpferische Savannah auf der Double-J-Ranch von ihrem Absturz in die Kriminalität. Ihre unsicheren Gefühle für Womanizer Riff Dawson bringen sie in Bedrängnis, als dieser als Tatverdächtiger in einem Mordfall verhaftet wird. Savannah flieht und genießt an der Seite des charmanten Hoteliers Eden in Denver ein neues

Leben. Doch Riff setzt alles auf eine Karte, um Savannah zu erobern und zurückzuholen. Pokert er zu hoch um seine Liebe? Und wer versucht, ihm einen Mord anzuhängen?

»Magnolia – Sommer des Lebens«
Die Dawsons, Band 4

Stolz wärmt kein Herz! Sexy Liebesroman mit viel Nervenkitzel und Südstaatenflair

Die rassige Magnolia Dawson, genannt Nola, hat aus verletztem Stolz den Mann vertrieben, der ihr Herz im Sturm erobert hat. Nun will sie ihn zurück. Deshalb folgt sie Ex-Marine Jake bis in die geheimnisvollen Sümpfe der ehemaligen Südstaaten, ins verführerische New Orleans – und damit mitten in einen Mordfall. Jakes Familie braucht Nolas Unterstützung, und so bleibt ihr nicht viel Zeit, Jake von ihren leidenschaftlichen Gefühlen zu überzeugen. Bekommt ihre Liebe rechtzeitig eine zweite Chance? Denn der Mörder erkennt, dass die Dawson-Schwester seinen heimtückischen Absichten im Weg steht.

»Lana – Auf gefährlichen Pfaden«
Die Dawsons, Band 5

Adrenalinkick oder echte Gefühle? Heißer Liebesroman mit nervenzerfetzender Spannung mitten im wilden Nirgendwo

Die eigenwillige Polizistin Lana begleitet eine Urlauberfamilie durch die Wildnis Colorados als Schutz vor einem entflohenen Serienkiller. An ihrer Seite ein attraktiver Surferboy: der ehemalige Adrenalinjunkie und jetzige Tourguide Finn.

Als der heimtückische Psychopath Jagd auf die Gruppe macht, müssen die ungleichen Abenteurer Zusammenhalt lernen. Zu allem Überfluss bricht der Winter zwischen reißenden Flüssen und hohen Gipfeln über sie herein.

Eine ungünstige Zeit, um über prickelnde Gefühle nachzudenken, doch Finn fasziniert Lana mehr, als ihr lieb ist!

Gewinnt Finn Lanas Vertrauen, oder scheitert er durch seine Art, der Gefahr zu begegnen? Das Überleben aller hängt davon ab!

»Darcey – Intermezzo Liebe«

Die Dawsons, Band 6

Heiße Affäre oder Stockholm-Syndrom? – Sexy Liebesroman mit viel Nervenkitzel auf einem Roadtrip durch Irland

Geigerin Darcey platzt bei einem Pubbesuch nach einem Gig in der Nähe von Dublin in die Planung eines bösartigen Verbrechens. Eigentlich spielt Musik die erste Geige in ihrem Leben, doch nun trifft sie auf einen faszinierenden Mann, der ihre Welt auf den Kopf stellt. Nach kürzester Zeit findet sich Darcey mitten im gefährlichen Chaos und der Leidenschaft wieder.

Sie könnte sich aus der riskanten Situation retten, aber was geschieht dann mit Pubbesitzer Ciaran, der die größte Gefahr für sie bedeutet?

Ist Verrat ihr einziger Ausweg?

Weitere Liebesromane

»Tausche Traummann gegen Liebe«

Besessenheit bis zum Mord – Berührender Liebesroman mit viel Nervenkitzel

Frankokanadierin Samantha de Montfort hat ihre Lebensplanung auf den gutaussehenden Charmeur und angehenden Diplomaten Dan ausgerichtet. Den Traummann zu heiraten und Journalistin zu werden, sind ihre einzigen Ziele. Völlig unerwartet angelt sich eine Rivalin den begehrten Mann, und Sammy startet ihre Karriere in Montréal, der Metropole mit dem französischen Flair, deshalb unglücklich und einsam.

Sammys Chef und High Society-Mitglied Alexandre ist gerne bereit, sie zu trösten – ebenso wie ihr Kumpel, der junge Staatsanwalt Larry. Doch gerade, als sie sich in der wunderbaren Stadt zuhause und glücklich fühlt, holt sie die Vergangenheit ein. Nach einem Mord ganz in ihrer Nähe wird klar, dass nicht nur der Tod eines Kindheitsfreundes mit ihr selbst zu tun hat! Und genau in dieser beängstigenden Zeit steht überraschend ihre Jugendliebe wieder vor ihrer Tür. Der Zeitpunkt macht Sammy misstrauisch.
Hat Dan etwas mit den Verbrechen zu tun, oder gibt es einen anderen, der für ihre Zuneigung sogar mordet?
Sammy weiß, sie muss nicht nur den Täter finden, sondern auch ihre wahre Liebe.

»Vertraue mir«

Bedeutet Erinnerung das Ende? – Bewegender Liebesroman mit viel Nervenkitzel

Der einsame Bergwerksbesitzer Gabriel Bennett ist gerade noch einem Mordanschlag entgangen. Ein Schneesturm zwingt ihn, mit der faszinierenden Attentäterin in einer Hütte in den Rocky Mountains zu bleiben. Obwohl diese weder ihre eigene Identität noch den Grund für ihre Tat kennt, verliert er sich mit ihr in einer leidenschaftlichen Affäre.

Gabe will der schönen Fremden gegen alle Vernunft vertrauen, und tatsächlich erblüht nach ihrer Rückkehr in die Weinberge des Napa Valley, eine tiefe Liebe.

Es gibt jedoch jemanden, der mehr über die Vergangenheit der jungen Frau mit dem militärischen Hintergrund weiß als sie selbst. Denn der Todesfall, der ihre Welt vor über einem Jahr erschütterte, war allem Anschein nach kein Unfall. Und ganz oben auf der Liste der Mordverdächtigen steht Gabe.

Viel Zeit zum Nachforschen bleibt dem Paar nicht, weil ein Unbekannter gezielt Jagd auf die beiden macht.
Was verschweigt Gabe, der seine Geliebte nicht verlieren möchte? Und was wird geschehen, wenn sie sich endlich an den Grund erinnert, warum sie ihn töten wollte?

Fantasy-Liebesromane:

(Veröffentlicht unter dem Pseudonym Ainoah Jace)

Die Sternenflut-Trilogie

Vertrauen ist gut, List ist besser! Komplexe Fantasy-Saga inmitten der griechischen Mythologie von Weltenbauerin Ainoah Jace

Cassians leidenschaftliche Gefühle für eine verführerische und unberechenbare Nixe erschweren die Reise zu einer Versammlung, auf der zornige Götter und Sternenwächter über das Schicksal der Menschheit entscheiden werden. Sie übertragen Cassian eine Aufgabe, die ihn zwingt, sich mit seinen Gefährten auf eine gefährliche Suche aufzumachen. Bald schon begreift er, dass jemand ein böses Spiel mit ihm treibt.

»Die Reise«

Sternenflut-Trilogie, Band 1

Der Flusshändler Cassian, in dem weit mehr steckt, als er zugibt, hat einen gefährlichen Weg vor sich. Ist die kapriziöse Mirja wirklich auf seiner Seite? Nixen sind verführerisch, aber man sollte ihnen nicht trauen!

Hat die leidenschaftliche Verbindung zwischen Mensch und Wasserwesen wirklich eine Zukunft?

»Die Suche«
Sternenflut-Trilogie, Band 2

Die Sternenwächter haben dem verliebten Cassian eine möglicherweise unlösbare Aufgabe übertragen. Die Suche nach drei wichtigen Personen führt ihn aus den heimatlichen Flusslanden auf das offene Meer und mitten unter mächtige Feinde.

»Die Prüfung«
Sternenflut-Trilogie, Band 3

Flusshändler Cassian ist mit den Menschen, denen er das Bestehen der Götterprüfung zutraut, auf dem gefährlichen Weg zum Austragungsort, der Arena von Olytaurus. Dort muss er feststellen, dass die Prüfungen nicht nur alles von seinen Auserwählten fordern – sondern auch von ihm, der so kurz vor der Erfüllung seiner Träume steht.
Kann Cassian seine Auserwählten überreden, die Gefahren einer Prüfung auf sich zu nehmen?

Die Traumwandlerin-Saga

Welten voller Gefahr und Hoffnung! – Fesselnde und traumhafte Fantasy-Saga

Nell leidet seit Langem unter Alpträumen, und ihr »Traumwandeln«, bekommt in den fantastischen Welten, die sie durchreist, einen gefährlichen Sinn. An ihrer Seite: Ihr Verlobter Shane, der in dem Mädchen widersprüchliche Gefühle weckt, obwohl sich die beiden nicht leiden können.

Die Zeit drängt, der Vollmond naht! Welche Kreaturen wird Eiskönig Shahatego auf die Traumwandlerin und ihre Freunde hetzen, um die Rebellion zu beenden?

»Rebellen«
Die Traumwandlerin-Saga, Band 1

Ausgerechnet die Schwarzen Reiter entführen die schüchterne Nell, als sie vor ihrem missmutigen und untreuen Verlobten Shane flieht. Doch damit bringen sich die Kämpfer der geheimen Rebellion gegen den grausamen Eiskönig Shahatego selbst in tödliche Gefahr.

»Jäger«
Die Traumwandlerin-Saga, Band 2

Die Rebellen wissen nun, dass Nell die Letzte in einer Reihe von Traumwandlerinnen und stets auf der Suche nach den vier Schlüsseln zu Shahategos Brücke ist. Mit diesen könnte sie die Macht des Eiskönigs brechen, der deshalb die Jagd auf das Mädchen eröffnet.

Im Dschungelreich Djamila scheint die Rebellion jedoch am Ende angekommen zu sein, denn die Amazone Zafira zeigt kein Interesse an einem Bündnis.

»Gejagte«
Die Traumwandlerin-Saga, Band 3

Die Anführer der Rebellion sitzen hinter Gittern, deshalb starten Nell und Tiger eine spektakuläre Befreiungsaktion.

Das Auffinden des letzten Schlüssels durch die Traumwandlerin kann der Eiskönig ebenfalls nicht verhindern, doch dabei bringt er Nell in seine Gewalt. Eisgeister beginnen, das Mädchen in ein Geschöpf Shahategos zu verwandeln.
Shane steht mit einem Mal vor der grausamen Wahl zwischen Nell und dem Sieg der Rebellion!

Beretar – Expedition in verborgene Welten

Eine starke Frau auf direktem Weg in die Gefahr – Dystopische Fantasy in zwei Bänden

»Terra Obscura«
Beretar, Band 1

Nichts reizt den attraktiven, zynischen Fürstensohn Naim mehr als die kaltblütige Admiralin der Luftschiff-Flotte. Doch Talin liebt nur ihren Job. Bei einer waghalsigen Expedition in unbekannte dunkle Schluchten muss sie sich mit Naims Begleitung und einem eigenwilligen blinden Passagier abfinden.

So kämpft sie nicht nur gegen die flammende Gefahr aus dem Dunklen Tor, sondern auch gegen die Ablenkung durch einen Mann, dem nichts ferner liegt, als sich der faszinierenden Frau unterzuordnen.

Kann der junge Wissenschaftler Elion seinen Wert für die Expedition beweisen? Und wer sind die Wesen, die furchtbar zugerichtet aus den Flammen kommen?

»Porta Caelesta«
Beretar, Band 2

Nur ein mutiger Schritt des Fürstensohns konnte Talins Leben retten. Nach ihrer gemeinsamen Flucht ergibt sie sich der Leidenschaft für Naim und liebt das erste Mal aus tiefstem Herzen. Doch die beiden sind auf der Himmelsscholle nicht sicher. Jemand spielt in dieser Idylle ein grausames Spiel mit den seltsamen Bewohnern und auch mit ihrem Heimatplaneten Beretar.

Die Chance auf Rettung endet für die Liebenden in einer tödlichen Falle, und auch die Mission ihrer Freunde auf den Airballoons gerät in höchste Gefahr.

Wer ist der wirkliche Feind Beretars? Kann die dunkle Magie, die hier am Werk ist, von Menschen aufgehalten werden, oder weiß der schlaue Elion eine Lösung?

Das Buch der Zaramé

Die Krone & Feuer Fantasy-Trilogie

Eine Hexe und ein Krieger suchen nach der Vergangenheit – Romantische und spannende All Age Fantasy-Saga

»Dunkle Prophezeiung«
Das Buch der Zaramé, Band 1

Die temperamentvolle junge Zaramé und der Krieger Niall sind auf der Suche nach den fehlenden Seiten eines Buches voller fantastischer Erzählungen ihrer Vorfahren. Ist das Buch vollständig, bedeutet es die Rettung des mittelalterlichen Landes Erimalia.

Als sich Zaramé mit dem Tyrannenherrscher Nozak anlegt, wagt sie viel. Denn er ahnt, wer sie wirklich ist: Eine Hexe, deren Eltern ihm in der Vergangenheit gefährlich wurden und die dafür teuer bezahlen mussten.

»Fluch über Kaligor«
Das Buch der Zaramé, Band 2

Niall bleibt nach der Befreiung aus dem Kerker nur die Flucht aus Kaligor. Er hat keine Wahl und muss Zaramé zurücklassen, um seinen eigenen Weg zu gehen. Doch die junge Hexe sucht sich wehrhafte Verbündete der ganz anderen Art. Und während ihre magischen Fähigkeiten zunehmen, zeigt Prinz Karim sein wahres Gesicht.

»Krieger und Drachen«
Das Buch der Zaramé, Band 3

Für die Liebe bleibt Zaramé und Niall nicht viel Zeit. Finden sie den Drachen nicht bald, ist der näher rückende Feind übermächtig. Auf der Suche nach weiteren Seiten des Buches entdecken sie in den Totensümpfen unter dem Vulkan Fürchterliches. Kann Zaramé das Rätsel um ihre und Nialls Herkunft rechtzeitig lösen?

Informationen und Kontakt

Weitere Informationen zur Autorin, zum Blog, Leseproben, Downloads und Kontakt:

monika-nebl.de
facebook.com/MonikaNeblAutorin
twitter.com/NeblMonika
instagram.com/monikanebl.autorin

katiesfarrell.com
facebook.com/katiesfarrell
twitter.com/katiesromantic
instagram.com/katiesfarrell.autorin

ainoahjace.com
facebook.com/ainoahjace
twitter.com/ainoahfantastic
instagram.com/ainoahjace.autorin